Derrotando o
Burnout

LEONARDO TAVARES

Derrotando o
Burnout

DERROTANDO O BURNOUT
© Copyright 2023 – Leonardo Tavares

Este título pode ser adquirido em grande quantidade para uso comercial ou educacional.

Para informações, por favor, envie um e-mail para realleotavares@gmail.com.

Todos os direitos reservados. Nenhuma parte deste livro pode ser reproduzida, armazenada em sistema de recuperação ou transmitida de qualquer forma por quaisquer meios – eletrônico, mecânico, fotocópia, gravação, digitalização ou outros – exceto por citações breves em resenhas críticas ou artigos, sem permissão prévia por escrito do editor.

Em nenhuma circunstância será atribuída qualquer culpa ou responsabilidade legal ao editor ou autor por danos, reparação ou perda financeira devido às informações contidas neste livro, seja diretamente ou indiretamente.

Aviso Legal:

Este livro possui direitos autorais. É apenas para uso pessoal. Você não pode modificar, distribuir, vender, usar, citar ou parafrasear qualquer parte ou conteúdo deste livro sem o consentimento do autor ou editor.

Aviso de Isenção de Responsabilidade:

Por favor, observe que as informações contidas neste documento são apenas para fins educacionais e de entretenimento. Todos os esforços foram feitos para apresentar informações precisas, atualizadas e confiáveis. Nenhuma garantia de qualquer tipo é declarada ou implícita. Os leitores reconhecem que o autor não está envolvido na prestação de aconselhamento jurídico, financeiro, médico ou profissional. O conteúdo deste livro foi derivado de várias fontes. Consulte um profissional licenciado antes de tentar quaisquer técnicas descritas neste livro.

Ao ler este documento, o leitor concorda que, em nenhuma circunstância, o autor será responsável por quaisquer perdas, diretas ou indiretas, incorridas como resultado do uso das informações contidas neste documento, incluindo, mas não se limitando a, erros, omissões ou imprecisões.

Primeira Impressão 2023

Que este livro possa ser um abraço caloroso,
Um alívio para a sua alma cansada,
Que ele possa trazer a certeza
De que o burnout pode ser vencido
Com autocuidado e equilíbrio.

Não há exaustão eterna
Pois a conexão que temos com nossa própria essência
Vai além do esgotamento, transcende as adversidades,
E se torna uma fonte perene
De renovação e fortalecimento.

Que seu cansaço possa ser transformado em vitalidade,
E que as experiências possam ser um tesouro de aprendizado,
Que suas lágrimas possam ser enxugadas pela autocompaixão,
E que a luz possa iluminar o caminho
Daqueles que enfrentam o burnout.

Este livro é uma homenagem
A todos que já lutaram contra o burnout,
E a todos que estão enfrentando o desafio da exaustão,
Que ele possa ser um oásis de consolo e inspiração.

E que, mesmo nos momentos mais desafiadores,
Possamos encontrar força e determinação
Para seguir adiante, para honrar nosso bem-estar,
As lições aprendidas e para viver nossas vidas
Com equilíbrio, gratidão e resiliência.

SUMÁRIO

Prefácio... 11
1. Introdução 12
    O que é o burnout... 12
    Como o burnout afeta a vida das pessoas 14
    A importância de reconhecer e abordar o burnout 16

2. Sintomas do Burnout... 18
    Sintomas físicos do burnout 18
    Sintomas emocionais do burnout 22
    Sintomas comportamentais do burnout 26

3. Causas do Burnout 31
    Fatores individuais... 31
    Fatores profissionais... 34
    Falta de equilíbrio entre trabalho e vida pessoal..... 37
    Expectativas irreais... 40
    Falta de apoio no ambiente de trabalho 43

4. Identificando o Burnout 47
    Como avaliar seu nível de burnout 47
    Questionários e ferramentas de autoavaliação 56
    Reconhecendo os sinais precoces 62

5. Consequências do Burnout 66
    Impacto na saúde física e mental.......................... 66
    Relações pessoais e sociais afetadas 70
    Desempenho no trabalho comprometido.............. 72
    Efeitos a longo prazo 75

6. Prevenção ao Burnout 81
Estabelecendo limites saudáveis 81
Desenvolvendo habilidades de gerenciamento de tempo 84
Procurando apoio e recursos 87
Cultivando o autocuidado 89

7. Estratégias de Autocuidado 93
Exercício físico 93
Alimentação saudável 96
Práticas de relaxamento e *mindfulness* 99
Sono e descanso adequados 103
Lazer e hobbies 105

8. Equilibrando Trabalho e Vida Pessoal 109
Definindo prioridades 109
Estabelecendo limites no trabalho 112
A importância das férias e dias de folga 114

9. Lidando com a Pressão do Trabalho 117
Técnicas de gestão do estresse 117
Comunicação eficaz no trabalho 120
Estratégias para delegação de tarefas 125

10. A Mentalidade Perfeccionista 128
Entendendo o perfeccionismo 128
Superando o perfeccionismo 130
Aceitando os limites pessoais 133
Desenvolvendo resiliência 135

11. Buscando Apoio Profissional 138
Terapia e aconselhamento 138
Coaching de carreira 142
Rede de apoio social 145

12. Recuperando-se do Burnout **149**
　Estabelecendo metas realistas 149
　A importância de celebrar pequenas conquistas.................... 153
　Reconstruindo a vida após o burnout 156

Conclusão..**161**
Sobre o Autor **163**
Referências... **164**

PREFÁCIO

A vida moderna é como uma estrada sinuosa, repleta de encruzilhadas e curvas apertadas. À medida que avançamos em nossas carreiras, buscamos transformar nossos sonhos em realidade e nutrir relacionamentos significativos, corremos o risco de nos deparar com uma ameaça silenciosa, um abismo chamado burnout.

"Derrotando o Burnout" é uma experiência profundamente humana, uma travessia pelas complexidades dessa condição cada vez mais presente, que não faz distinção de raça, classe social ou profissão. Este livro é um farol compassivo, projetado para iluminar o caminho, para entender, prevenir e emergir do burnout.

Nas páginas que seguem, você encontrará um manual para a autodescoberta. Começamos nossa caminhada com uma imersão profunda no burnout, um mergulho nas águas turbulentas do entendimento. Desvendaremos os segredos dos sinais precoces que frequentemente passam despercebidos, capacitando-o a identificá-los em sua própria jornada. Juntos, aprenderemos a usar as ferramentas essenciais para a prevenção – o estabelecimento de limites saudáveis, a gestão sábia do estresse e o fortalecimento de nosso bem-estar emocional.

Prepare-se para uma viagem de autodescoberta e transformação. O burnout pode ser superado, e estou aqui para ajudá-lo a trilhar esse caminho tortuoso.

Boa leitura!

1
INTRODUÇÃO

Como o alvorecer de um novo dia, esta jornada começa com a promessa de renovação e esperança.

Imagine que você está constantemente exausto, emocionalmente esgotado e completamente desmotivado. Cada dia no trabalho parece uma batalha épica, e o simples pensamento de enfrentar suas responsabilidades cotidianas provoca uma sensação de desespero. Se você já se sentiu assim, pode estar enfrentando o que é conhecido como burnout. Este é um problema sério e que afeta a qualidade de vida de milhões de pessoas todos os anos. Neste livro, exploraremos o burnout em profundidade, compreendendo o que é, como ele afeta a vida das pessoas e, o mais importante, como reconhecê-lo e combatê-lo de maneira eficaz.

O QUE É O BURNOUT

Antes de mergulharmos fundo na questão do burnout, é importante entendermos o que exatamente isso significa. O termo "burnout" é frequentemente usado de forma genérica para descrever um estado de exaustão extrema. No entanto, o burnout é mais do que apenas estar cansado ou sobrecarregado; é um fenômeno complexo que envolve uma interação de fatores físicos, emocionais e psicológicos.

O termo "burnout" foi cunhado pela primeira vez na década de 1970 pelo psicólogo *Herbert Freudenberger*, que o descreveu como um estado de exaustão física e mental resultante de um envolvimento prolongado em situações de alto estresse. Desde então, o conceito de burnout evoluiu e foi ampliado para abranger não apenas situações de trabalho, mas também a vida em geral.

Para compreender melhor o burnout, é útil dividi-lo em três componentes principais:

Exaustão Emocional

A exaustão emocional é o aspecto mais visível do burnout. Refere-se a um estado de esgotamento emocional intenso, onde você se sente drenado, sem energia e constantemente sobrecarregado pelas demandas do trabalho e da vida. As pessoas com exaustão emocional podem se sentir incapazes de lidar com o estresse e as emoções negativas que surgem.

Despersonalização

A despersonalização é a tendência de se distanciar emocionalmente das pessoas ao seu redor, especialmente daqueles com os quais você trabalha ou se relaciona frequentemente. Você pode começar a tratar as pessoas como objetos ou números, em vez de indivíduos com necessidades e sentimentos. Isso pode levar a um isolamento emocional e à diminuição da empatia.

Diminuição do Sentimento de Realização Pessoal

A terceira dimensão do burnout envolve uma diminuição do senso de realização pessoal. Isso significa que, mesmo que você continue a cumprir suas responsabilidades, pode sentir que seu trabalho não tem significado ou propósito. A sensação de realização e satisfação que costumava acompanhar suas realizações desaparece.

O burnout não é uma condição passageira que simplesmente desaparece com uma boa noite de sono ou um fim de semana de folga. Pelo contrário, é um estado crônico que se desenvolve gradualmente ao longo do tempo devido a fatores como alta carga de trabalho, pressão constante e falta de apoio adequado. Ele pode afetar qualquer pessoa, desde trabalhadores em escritórios até profissionais de saúde, educadores, artistas, pais e muitos outros.

COMO O BURNOUT AFETA A VIDA DAS PESSOAS

Agora que entendemos o que é o burnout, é importante explorar como essa condição pode afetar profundamente a vida das pessoas em todas as esferas. O burnout não se limita ao ambiente de trabalho; ele pode se infiltrar em todas as áreas da vida e deixar um impacto duradouro. Vamos explorar como o burnout pode afetar diferentes aspectos da vida:

Saúde Física e Mental

O Burnout pode ter sérios efeitos na saúde física e mental. As pessoas com Burnout são mais propensas a problemas de saúde, como dores de cabeça, problemas gastrointestinais, distúrbios do sono, depressão e ansiedade. A constante tensão e a sensação de sobrecarga podem prejudicar o sistema imunológico, tornando as pessoas mais suscetíveis a doenças.

Desempenho no Trabalho

O desempenho no trabalho é inevitavelmente afetado pelo burnout. À medida que a exaustão emocional e a falta de motivação aumentam, a produtividade diminui. A qualidade do trabalho também pode sofrer, levando a erros e atrasos que afetam não apenas o indivíduo, mas também a equipe e a organização como um todo.

Relações Interpessoais

O burnout pode prejudicar as relações interpessoais, tanto no trabalho quanto na vida pessoal. A despersonalização pode fazer com que as pessoas se afastem de colegas de trabalho, amigos e familiares. Isso pode levar a conflitos e isolamento social, tornando a jornada de recuperação ainda mais desafiadora.

Satisfação Geral com a Vida

A sensação de falta de realização pessoal e a exaustão constante afetam negativamente a satisfação geral com a vida. As pessoas com burnout podem sentir que estão presas em uma rotina sem sentido e perder o entusiasmo pelas atividades que costumavam desfrutar.

Equilíbrio Entre Trabalho e Vida Pessoal

O burnout torna difícil manter um equilíbrio saudável entre trabalho e vida pessoal. A pressão constante no trabalho pode se derramar para a vida pessoal, tornando difícil relaxar e desfrutar de momentos de lazer. Isso, por sua vez, pode agravar o burnout.

Agora que compreendemos como o burnout pode impactar negativamente a vida das pessoas, é evidente por que é tão importante reconhecer e abordar essa condição de forma eficaz.

A IMPORTÂNCIA DE RECONHECER E ABORDAR O BURNOUT

Reconhecer e abordar o burnout é crucial por várias razões. Primeiramente, o burnout não é um sinal de fraqueza pessoal; é uma resposta legítima a condições de trabalho insalubres e sobrecarga constante. Ignorar os sinais de burnout pode levar a consequências graves para a saúde física e mental.

Além disso, o burnout não afeta apenas o indivíduo que o experimenta, mas também as organizações e a sociedade como um todo. A baixa produtividade, o absenteísmo e os custos médicos associados ao burnout têm um impacto econômico significativo. Portanto, abordar o burnout não é apenas uma questão de bem-estar pessoal, mas também uma questão de saúde pública e produtividade nacional.

Outra razão importante para reconhecer e abordar o burnout é que a recuperação é possível. Com o apoio adequado e a implementação de estratégias eficazes, as pessoas podem superar o burnout e recuperar uma vida saudável e equilibrada. No entanto, a caminhada de recuperação começa com o reconhecimento e a aceitação da condição.

Este livro tem como objetivo ajudar você a entender, prevenir e superar o burnout. Vamos explorar estratégias práticas, ferramentas e recursos que o ajudarão a reconhecer os sinais precoces do burnout, implementar mudanças em sua vida e recuperar o equilíbrio que você merece. Juntos, exploraremos como restaurar sua energia, paixão e sentido de realização pessoal.

À medida que avançamos neste livro, lembre-se de que você não está sozinho nessa caminhada. Muitas pessoas já enfrentaram o burnout e emergiram mais fortes do outro lado. Vamos começar a jornada para uma vida mais saudável e equilibrada, livre do peso do burnout.

2

SINTOMAS DO BURNOUT

Sintomas são como vozes silenciosas da alma, clamando por cuidado e compreensão.

O burnout é um estado complexo que afeta não apenas a mente, mas também o corpo e o comportamento de uma pessoa. Para compreender completamente o burnout e suas implicações, é crucial examinar em detalhes os sintomas que o acompanham. Neste capítulo, exploraremos os sintomas do burnout em três categorias principais: sintomas físicos, emocionais e comportamentais.

SINTOMAS FÍSICOS DO BURNOUT

Os sintomas físicos do burnout podem variar em intensidade e duração, mas todos têm uma ligação direta com o estresse crônico e a exaustão. Esses sintomas podem se manifestar de maneira diferente em cada pessoa, mas é importante reconhecê-los como sinais de alerta do corpo para a necessidade de cuidado e intervenção. A seguir, abordaremos esses sintomas em maior detalhe:

Fadiga Constante

A fadiga associada ao burnout é qualitativamente diferente da fadiga ocasional que todos nós experimentamos de vez em quando. É uma fadiga que persiste, não importa o quanto você descanse. Mesmo após uma noite de sono completa, uma pessoa com burnout pode acordar se sentindo tão exausta quanto antes de dormir. Essa fadiga constante pode afetar significativamente a capacidade de funcionar no trabalho, nas atividades diárias e nos relacionamentos.

É importante reconhecer que essa fadiga não é apenas física, mas também mental. A mente está constantemente sobrecarregada devido ao estresse crônico, tornando ainda mais difícil encontrar energia para enfrentar o dia.

Dores de Cabeça Frequentes

As dores de cabeça associadas ao burnout muitas vezes são do tipo tensional. Isso significa que elas resultam da tensão muscular persistente, particularmente na região do pescoço e dos ombros. Essas dores de cabeça podem ser contínuas, recorrentes e de intensidade moderada a grave.

A dor de cabeça tensional pode ser debilitante, tornando difícil se concentrar, trabalhar eficazmente e até mesmo desfrutar de atividades cotidianas. Para muitas pessoas com burnout, as dores de cabeça se tornam uma parte intrusiva de suas vidas, adicionando ao seu já considerável estresse.

Distúrbios do Sono

O burnout frequentemente prejudica a qualidade do sono. A insônia é um sintoma comum, onde as pessoas têm dificuldade em adormecer, acordam frequentemente durante a noite ou acordam muito cedo e não conseguem voltar a dormir. Mesmo quando conseguem dormir, o sono muitas vezes não é restaurador, deixando a pessoa se sentindo ainda mais cansada pela manhã.

Os distúrbios do sono relacionados ao burnout são frequentemente atribuídos à mente superativa e à preocupação constante. Pensamentos ansiosos e estressantes podem se intrometer no sono, tornando difícil para a pessoa relaxar e descansar profundamente.

Problemas Gastrointestinais

O estresse crônico tem um impacto direto no sistema digestivo. Pode levar ao desenvolvimento de distúrbios gastrointestinais, incluindo dor de estômago, náusea, constipação ou diarreia. Esses problemas podem ser recorrentes e dolorosos, tornando a alimentação uma experiência desconfortável.

Os sintomas gastrointestinais relacionados ao burnout não apenas afetam a qualidade de vida, mas também podem levar a problemas nutricionais, uma vez que o desconforto pode fazer com que as pessoas evitem certos alimentos ou não comam adequadamente.

Dores Musculares e Tensão

A tensão muscular é uma resposta física ao estresse e à ansiedade. Pessoas com burnout frequentemente experimentam dores musculares, especialmente nos ombros, pescoço e costas. Essas dores musculares podem ser persistentes e contribuir para a sensação geral de desconforto físico.

A tensão muscular também pode limitar a mobilidade e a flexibilidade, tornando as atividades diárias mais difíceis. A massagem terapêutica e a fisioterapia podem ser úteis para aliviar a tensão muscular associada ao burnout.

Alterações no Apetite

O burnout pode afetar o apetite de diferentes maneiras. Algumas pessoas experimentam uma perda significativa de apetite e têm dificuldade em comer regularmente. Isso pode levar a uma perda de peso não intencional e deficiências nutricionais.

Por outro lado, algumas pessoas recorrem à alimentação emocional como uma forma de lidar com o estresse e a exaustão. Elas podem comer em excesso, especialmente alimentos ricos em açúcar e gordura, como uma tentativa de buscar conforto ou alívio temporário.

Ambas as alterações no apetite podem ter impactos negativos na saúde, e é importante estar ciente desses padrões alimentares e procurar maneiras saudáveis de lidar com o estresse.

Problemas de Saúde Recorrentes

A exposição prolongada ao estresse relacionado ao burnout pode enfraquecer o sistema imunológico, tornando o corpo mais suscetível a infecções e doenças. Isso significa que as pessoas com burnout podem ficar doentes com mais frequência e ter recuperação mais lenta.

Além disso, o estresse crônico pode piorar condições de saúde preexistentes, como hipertensão arterial, diabetes e distúrbios autoimunes. Portanto, o cuidado com a saúde física é fundamental para aqueles que enfrentam o burnout.

É importante reconhecer que esses sintomas físicos são indicativos de que o corpo está enviando sinais de alerta sobre o estresse e a exaustão. Ignorar esses sinais pode levar a problemas de saúde mais sérios a longo prazo. Portanto, a busca de ajuda e o desenvolvimento de estratégias de autocuidado são fundamentais para lidar com esses sintomas físicos do burnout.

SINTOMAS EMOCIONAIS DO BURNOUT

Os sintomas emocionais do burnout são frequentemente os mais visíveis e impactantes, uma vez que refletem o esgotamento emocional e mental associado a essa condição. Eles podem variar em intensidade e duração, mas todos têm um impacto significativo na qualidade de vida. A seguir, aprofundaremos esses sintomas emocionais para uma compreensão mais completa:

Sentimentos de Desesperança e Impotência

Sentir-se sobrecarregado e incapaz de lidar com responsabilidades é uma característica marcante do burnout. Esses sentimentos podem levar a uma profunda sensação de desesperança e impotência. A pessoa pode se questionar sobre como continuar enfrentando as demandas da vida, tanto no trabalho quanto em casa.

A desesperança é um estado emocional avassalador que pode afetar drasticamente a qualidade de vida. Sentir que não há solução para a exaustão e o estresse pode tornar ainda mais difícil buscar ajuda ou implementar mudanças positivas.

Irritabilidade Constante

A irritabilidade é uma resposta emocional comum ao burnout. As pessoas com burnout podem se sentir à beira de um colapso emocional e, como resultado, pequenas coisas que normalmente não seriam um problema podem desencadear uma resposta de frustração e raiva.

Essa irritabilidade constante pode impactar negativamente os relacionamentos pessoais e profissionais. Os outros podem se sentir desconfortáveis ou até mesmo evitar interagir com alguém que está constantemente irritado.

Ansiedade

A ansiedade é uma característica frequentemente associada ao burnout. O estresse prolongado e a sensação de sobrecarga podem levar a preocupações excessivas e uma sensação de nervosismo constante. Isso pode resultar em sintomas físicos, como palpitações cardíacas, tremores e sudorese.

Em casos mais graves, o burnout pode desencadear ataques de pânico, que são episódios intensos de ansiedade caracterizados por sintomas como falta de ar, palpitações e uma sensação avassaladora de medo ou terror.

Depressão

A exaustão emocional crônica associada ao burnout pode contribuir para o desenvolvimento da depressão. As pessoas com burnout podem se sentir tristes, sem esperança e sem interesse nas atividades que costumavam desfrutar. A depressão pode se manifestar como uma perda de energia e entusiasmo pela vida.

É importante notar que a depressão não é apenas uma tristeza passageira, mas sim um transtorno mental grave que requer atenção e tratamento adequados. A conexão entre o burnout e a depressão é uma razão importante para buscar ajuda quando os sintomas emocionais se tornam esmagadores.

Falta de Motivação

A falta de motivação é uma característica do burnout que pode tornar até as tarefas mais simples parecerem esmagadoras. O que antes era realizado com entusiasmo e dedicação agora pode parecer uma carga insuportável. A pessoa pode sentir uma completa falta de energia e vontade de enfrentar suas responsabilidades.

Essa falta de motivação pode se estender a todas as áreas da vida, incluindo o trabalho, os relacionamentos e as atividades de lazer. A sensação de estar preso em um estado de apatia pode ser desmoralizante.

Baixa Autoestima e Autoconfiança

O burnout pode minar a autoestima e a autoconfiança de uma pessoa. A constante sensação de fracasso, a falta de energia e a dificuldade em cumprir responsabilidades podem levar à dúvida sobre as próprias habilidades e competências.

A pessoa pode começar a se sentir inadequada e insegura em suas ações, mesmo em situações em que costumava se destacar. Essa diminuição da autoestima e autoconfiança pode ser prejudicial não apenas para o bem-estar emocional, mas também para o desempenho no trabalho e nos relacionamentos.

Esses sintomas emocionais do burnout podem ser debilitantes e interferir significativamente na qualidade de vida. Reconhecer e lidar com esses sintomas emocionais do burnout é essencial para promover a recuperação e prevenir complicações de saúde mental a longo prazo. A busca de ajuda profissional, a implementação de estratégias de autocuidado e o apoio de amigos e familiares são recursos importantes para enfrentar esses desafios emocionais. Ignorar esses sintomas emocionais pode levar a problemas de saúde mental mais sérios e duradouros.

SINTOMAS COMPORTAMENTAIS DO BURNOUT

Os sintomas comportamentais do burnout são frequentemente observados por amigos, familiares e colegas de trabalho. Eles refletem a maneira como uma pessoa lida com o estresse e a exaustão e podem variar em intensidade. Esses sintomas comportamentais são importantes indicadores do impacto do burnout na vida cotidiana de alguém e podem incluir:

Isolamento Social

O isolamento social é uma resposta comum ao burnout. As pessoas que estão vivenciando burnout frequentemente se afastam das interações sociais, mesmo com amigos e familiares próximos. Elas podem se sentir sobrecarregadas pela ideia de socializar e preferem o isolamento como uma forma de proteção contra o estresse adicional.

O isolamento social pode agravar o burnout, uma vez que a pessoa perde o apoio social que poderia ajudá-la a enfrentar o estresse e a exaustão. Além disso, o isolamento pode levar a sentimentos de solidão e isolamento emocional, tornando ainda mais difícil a recuperação.

Procrastinação

A procrastinação é um comportamento comum entre aqueles que sofrem de burnout. A falta de motivação e energia pode levar a um adiamento constante das tarefas, mesmo das mais simples. Isso pode resultar em um aumento do estresse, pois as responsabilidades acumulam-se e tornam-se esmagadoras.

A procrastinação também pode prejudicar o desempenho no trabalho e nas atividades diárias, levando a sentimentos de inadequação e culpa. A pessoa muitas vezes se vê em um ciclo de procrastinação que é difícil de quebrar.

Aumento do Consumo de Substâncias

Alguns indivíduos recorrem ao aumento do consumo de substâncias, como álcool, tabaco ou drogas, como uma forma de lidar com o estresse e a exaustão do burnout. Essas substâncias podem oferecer temporariamente uma fuga dos sentimentos negativos associados ao burnout.

No entanto, o uso excessivo de substâncias pode levar a problemas de saúde física e mental adicionais, piorando a situação. O aumento do consumo de substâncias também pode criar um ciclo vicioso, já que o uso de substâncias pode agravar os sintomas do burnout.

Mudanças no Padrão de Sono

Os distúrbios do sono são sintomas comuns do burnout, e as mudanças no padrão de sono são um comportamento observado com frequência. Isso pode incluir dificuldade em adormecer, acordar durante a noite e sentir-se cansado mesmo após uma noite de sono completa.

Essas mudanças no padrão de sono podem resultar em fadiga diurna e afetar o funcionamento no trabalho e nas atividades diárias. A falta de sono de qualidade também pode contribuir para a sensação de exaustão física e mental.

Descuido com a Alimentação

A exaustão do burnout muitas vezes leva a mudanças nos hábitos alimentares. Algumas pessoas podem perder o apetite e deixar de se alimentar adequadamente, resultando em perda de peso não intencional. Outras podem recorrer à alimentação emocional, consumindo alimentos ricos em açúcar e gordura como uma forma de buscar conforto.

Essas mudanças nos hábitos alimentares podem afetar a saúde física e emocional, contribuindo para sintomas como fadiga, irritabilidade e baixa energia.

Queda no Desempenho no Trabalho

No ambiente de trabalho, o burnout pode se manifestar como uma queda no desempenho. A pessoa pode ter dificuldade em se concentrar, cumprir prazos e manter a produtividade. A falta de motivação e energia afeta a capacidade de realizar tarefas com eficácia.

O declínio no desempenho no trabalho pode levar a problemas profissionais, como avaliações negativas, conflitos com colegas e supervisores e, em casos extremos, demissão. Isso pode aumentar o estresse e agravar os sintomas do burnout.

Negligência de Responsabilidades Pessoais

Além do trabalho, o burnout pode resultar na negligência de responsabilidades pessoais, como cuidar da casa, pagar contas e manter relacionamentos saudáveis. A pessoa pode se sentir sobrecarregada pelas demandas da vida cotidiana e, como resultado, deixar de cumprir essas obrigações.

A negligência de responsabilidades pessoais pode levar a problemas adicionais, como conflitos familiares, problemas financeiros e sentimentos de culpa.

Agressividade e Conflitos Interpessoais

A irritabilidade e a exaustão emocional podem levar a comportamentos agressivos e conflitos interpessoais. A pessoa com burnout pode reagir de forma exagerada a situações estressantes, resultando em discussões e conflitos frequentes com colegas, amigos e familiares.

Esses conflitos podem criar um ambiente de trabalho ou social negativo e contribuir para a sensação de isolamento e estresse.

É fundamental reconhecer esses sintomas comportamentais como sinais de alerta de que algo está errado. Ignorá-los pode levar a consequências graves, tanto no aspecto profissional quanto no pessoal. Procurar ajuda profissional e adotar estratégias de enfrentamento saudáveis é essencial para romper o ciclo do burnout e buscar uma vida mais equilibrada e saudável. O próximo capítulo explorará as causas subjacentes do burnout, ajudando a identificar as origens desse estado de exaustão profunda.

3
CAUSAS DO BURNOUT

As causas do burnout são as pedras no caminho, prontas para serem transformadas em degraus para o sucesso.

O burnout é uma condição complexa que pode afetar qualquer pessoa, independentemente de sua ocupação ou estilo de vida. Embora não haja uma única causa definitiva para o burnout, existem vários fatores que contribuem para o desenvolvimento desse estado de exaustão física e emocional. Neste capítulo, exploraremos em detalhes as causas do burnout, incluindo fatores individuais e profissionais, a falta de equilíbrio entre trabalho e vida pessoal, expectativas irreais e falta de apoio no ambiente de trabalho.

FATORES INDIVIDUAIS

Embora o burnout seja frequentemente associado a fatores profissionais e ambientais, os fatores individuais desempenham um papel significativo em sua ocorrência. Esses fatores podem tornar algumas pessoas mais suscetíveis ao burnout do que outras. Alguns dos fatores individuais que podem contribuir para o desenvolvimento do burnout incluem:

Personalidade

A personalidade desempenha um papel crucial na suscetibilidade ao burnout. Algumas características de personalidade estão associadas a um maior risco de desenvolver essa condição. Por exemplo, pessoas que são perfeccionistas tendem a estabelecer padrões muito altos para si mesmas e podem ficar desapontadas e frustradas quando não conseguem atingi-los. Aqueles que são altamente autocríticos também podem ser mais propensos ao burnout, pois tendem a ser muito rígidos consigo mesmos.

Além disso, indivíduos que têm dificuldade em dizer "não" e estabelecer limites pessoais são mais propensos a sobrecarregar-se, o que pode levar ao burnout. A predisposição para o pessimismo e a falta de habilidades de enfrentamento eficazes também podem aumentar o risco de burnout.

Perfeccionismo

O perfeccionismo, com sua busca implacável pela excelência, dificuldade em aceitar erros, autoexigência extrema, preocupação com o julgamento dos outros e dificuldade em relaxar, pode ser uma causa subjacente do burnout. Os perfeccionistas estão em constante pressão para atender a padrões elevados, o que pode levar à exaustão física e emocional. Identificar e modificar esses padrões de perfeccionismo é fundamental para prevenir e lidar eficazmente com o burnout.

Habilidades de Enfrentamento

A maneira como uma pessoa lida com o estresse desempenha um papel significativo na prevenção do burnout. Indivíduos com habilidades de enfrentamento inadequadas, como falta de assertividade, dificuldade em gerenciar o tempo ou falta de habilidades de resolução de problemas, podem ter dificuldade em lidar com as demandas do trabalho e da vida pessoal. Isso pode levar a um aumento do estresse crônico e à exaustão emocional.

Expectativas Pessoais

As expectativas pessoais desempenham um papel fundamental na ocorrência do burnout. Quando uma pessoa estabelece expectativas irrealistas em relação a si mesma, seu trabalho ou sua vida pessoal, ela está criando um terreno fértil para o burnout. A pressão interna para ter sucesso a todo custo pode levar a altos níveis de estresse e exaustão.

História de Saúde Mental

A história de saúde mental de uma pessoa também pode influenciar sua suscetibilidade ao burnout. Indivíduos que têm um histórico de transtornos de ansiedade, depressão ou outros problemas de saúde mental podem ser mais propensos ao burnout, uma vez que já têm uma vulnerabilidade emocional.

Falta de Autocuidado

A falta de autocuidado é um fator individual importante que pode contribuir para o burnout. Quando as pessoas não priorizam seu próprio bem-estar físico e emocional, estão em maior risco de esgotamento. Isso pode incluir negligenciar o sono, não fazer exercícios, não seguir uma dieta saudável ou não tirar tempo para atividades de lazer e relaxamento.

Esses fatores individuais podem interagir e se somar, tornando algumas pessoas mais propensas ao burnout do que outras. É essencial reconhecer esses aspectos em si mesmo e adotar medidas para promover uma abordagem mais saudável em relação ao trabalho e à vida pessoal.

FATORES PROFISSIONAIS

Os fatores profissionais estão entre as principais causas do burnout, uma vez que muitos dos sintomas estão diretamente relacionados ao ambiente de trabalho. Vamos explorar mais detalhadamente os aspectos relacionados aos fatores profissionais que desempenham um papel fundamental nesse processo:

Carga de Trabalho Excessiva

A carga de trabalho excessiva é um dos fatores mais comuns associados ao burnout. Quando os funcionários são constantemente sobrecarregados com tarefas e responsabilidades, isso pode levar a uma exaustão física e emocional profunda. As longas horas de trabalho, a falta de tempo para descanso e a pressão para cumprir prazos apertados podem criar uma sensação de esgotamento constante.

Essa carga de trabalho excessiva também pode prejudicar a qualidade do trabalho, uma vez que os funcionários podem não ter tempo suficiente para se concentrar em suas tarefas de maneira eficaz. Além disso, pode ser difícil manter um equilíbrio saudável entre trabalho e vida pessoal quando a carga de trabalho é avassaladora.

Prazos Impraticáveis

Expectativas irreais em relação a prazos podem criar uma pressão constante para entregar resultados rapidamente. Os funcionários podem se sentir constantemente pressionados para cumprir prazos apertados, mesmo que sejam impraticáveis. Isso pode levar a longas horas de trabalho, falta de sono e uma sensação de que nunca se consegue fazer o suficiente.

A pressão de prazos inatingíveis pode resultar em altos níveis de estresse, ansiedade e exaustão. Além disso, pode levar a erros no trabalho, à medida que os funcionários correm para cumprir prazos sem o tempo necessário para uma revisão adequada.

Responsabilidades Ambíguas

A falta de clareza nas responsabilidades e expectativas no local de trabalho pode ser extremamente estressante. Quando os funcionários não têm uma compreensão clara de suas tarefas e objetivos, eles podem se sentir perdidos e ansiosos.

A ambiguidade nas responsabilidades pode resultar em tarefas sobrepostas, conflitos interpessoais e uma sensação constante de incerteza. Isso pode ser especialmente prejudicial quando os funcionários não sabem exatamente o que se espera deles ou como seu trabalho contribui para os objetivos gerais da organização.

Falta de Controle

Sentir-se impotente e incapaz de influenciar as decisões que afetam o próprio trabalho pode ser uma fonte significativa de estresse no ambiente de trabalho. Quando os funcionários não têm voz nas decisões que impactam diretamente suas tarefas e carga de trabalho, eles podem se sentir frustrados e desamparados.

A falta de controle sobre o ambiente de trabalho pode levar a sentimentos de impotência, o que pode contribuir para a exaustão emocional. A sensação de não ter controle sobre as próprias circunstâncias pode ser avassaladora e dificultar a busca de soluções para reduzir a pressão.

Ambiente Competitivo

Em alguns ambientes de trabalho, a competição é incentivada e valorizada. Embora a competição saudável possa motivar os funcionários a alcançar metas, um ambiente excessivamente competitivo pode criar uma pressão adicional para se destacar e superar os colegas.

A pressão para ser o melhor a todo custo pode levar a uma busca constante pela perfeição e à sensação de que qualquer deslize pode resultar em fracasso. Isso não apenas contribui para a exaustão, mas também pode prejudicar a colaboração entre colegas, uma vez que todos competem por recursos e reconhecimento.

A pressão no trabalho pode se manifestar de várias formas, incluindo carga de trabalho excessiva, prazos irreais, responsabilidades ambíguas, falta de controle e um ambiente excessivamente competitivo. Identificar esses aspectos e buscar maneiras saudáveis de gerenciá-los é fundamental para prevenir o burnout e promover um ambiente de trabalho mais equilibrado e saudável.

FALTA DE EQUILÍBRIO ENTRE TRABALHO E VIDA PESSOAL

A falta de equilíbrio entre trabalho e vida pessoal é uma causa crucial do burnout, pois desencadeia um ciclo de exaustão que pode afetar profundamente a saúde física e emocional. Vamos explorar mais detalhadamente os fatores relacionados a essa falta de equilíbrio e como eles contribuem para o desenvolvimento do burnout:

Longas Horas de Trabalho

Trabalhar longas horas, muitas vezes incluindo noites e fins de semana, pode deixar pouco tempo para descanso e atividades pessoais. Isso pode levar a uma exaustão física e emocional, uma vez que os funcionários não têm tempo para se recuperar adequadamente entre os períodos de trabalho.

Essas longas horas de trabalho podem afetar negativamente a qualidade de vida, a saúde e as relações pessoais. A falta de tempo para atividades de lazer, família e amigos pode resultar em isolamento social e sentimentos de desequilíbrio.

Falta de Férias e Descanso

A recusa em tirar férias ou tirar tempo para descansar é uma armadilha comum que pode levar à exaustão crônica. A pressão para estar sempre disponível, seja devido à cultura do trabalho ou à própria motivação para ter sucesso, pode impedir que as pessoas se desconectem do trabalho e recarreguem suas energias.

A falta de férias e descanso adequado pode resultar em burnout progressivo, onde os sintomas de exaustão se agravam com o tempo. Isso pode ter um impacto significativo na saúde mental e física, tornando difícil a recuperação.

Falta de Limites

A incapacidade de definir limites claros entre o trabalho e a vida pessoal pode resultar em uma constante sobreposição de responsabilidades. Isso torna difícil relaxar e desfrutar do tempo fora do trabalho, já que a mente continua a se preocupar com tarefas profissionais.

A falta de limites também pode levar a uma sensação de perda de controle sobre a própria vida. Isso pode ser especialmente problemático quando a pessoa sente que está sempre à disposição do trabalho, mesmo fora do horário de expediente.

Negligência das Necessidades Pessoais

Quando o trabalho se torna a prioridade exclusiva, as necessidades pessoais, como exercícios, hobbies e relacionamentos, muitas vezes são negligenciadas. Isso pode levar a sentimentos de vazio e isolamento, uma vez que as atividades que costumavam trazer alegria são deixadas de lado.

A negligência das necessidades pessoais pode levar à deterioração da saúde física e mental. A falta de tempo para o autocuidado e o envolvimento em atividades que trazem satisfação pode resultar em uma perda de identidade fora do trabalho.

Pressão Social para o Sucesso Profissional

Em algumas culturas e ambientes de trabalho, existe uma pressão social significativa para alcançar o sucesso profissional a qualquer custo. Isso pode levar as pessoas a sacrificar sua saúde e bem-estar em busca de metas profissionais. A pressão social pode vir de familiares, amigos, colegas e até mesmo da sociedade em geral.

A pressão para alcançar o sucesso a todo custo pode levar a uma mentalidade de "trabalho até a exaustão". As pessoas podem se sentir compelidas a continuar trabalhando incansavelmente, mesmo quando sua saúde está em risco, a fim de atender às expectativas externas.

A falta de equilíbrio entre trabalho e vida pessoal é um dos principais fatores que contribuem para o burnout. A longas horas de trabalho, a recusa em tirar férias, a falta de limites, a negligência das necessidades pessoais e a pressão social para o sucesso profissional podem resultar em exaustão física e emocional. Identificar esses padrões e buscar maneiras de restaurar o equilíbrio entre trabalho e vida pessoal é fundamental para prevenir e lidar com o burnout de maneira eficaz.

EXPECTATIVAS IRREAIS

As expectativas irreais, quer sejam impostas pelos outros ou autogeradas, desempenham um papel significativo no desenvolvimento do burnout. Vamos explorar mais profundamente os diferentes tipos de expectativas irreais e como eles podem contribuir para a exaustão e o burnout:

Perfeição Constante

A busca implacável pela perfeição em todas as áreas da vida pode criar uma pressão insuportável. As pessoas que se cobram demais muitas vezes têm padrões elevados que são quase impossíveis de alcançar. Isso pode levar a sentimentos de fracasso constante, já que a perfeição é uma meta inatingível.

A busca incessante pela perfeição também pode resultar em autocrítica severa. Quando os erros são inevitáveis, as pessoas que buscam a perfeição podem se culpar e se punir excessivamente, aumentando ainda mais a pressão sobre si mesmas.

Necessidade de Aprovação

A necessidade constante de aprovação dos outros pode levar ao excesso de trabalho e à busca contínua por elogios e reconhecimento. Isso ocorre quando o valor pessoal de alguém está intimamente ligado à validação externa. Quando a aprovação não é alcançada, isso pode resultar em sentimentos de inadequação e desespero.

Essa busca incessante por aprovação também pode levar a uma falta de limites saudáveis no trabalho. As pessoas podem se sobrecarregar, aceitando tarefas adicionais ou estendendo seus limites para obter reconhecimento, o que pode resultar em burnout.

Comparação com os Outros

A comparação constante com os outros, especialmente nas mídias sociais, pode criar expectativas irreais de sucesso e felicidade. Quando as pessoas veem as realizações aparentemente impressionantes de outras pessoas nas redes sociais, isso pode levar à sensação de que precisam alcançar o mesmo nível de sucesso.

Essa comparação constante pode resultar em sentimentos de inadequação e estresse. As pessoas podem se sentir como se estivessem ficando para trás ou não estivessem atingindo seus objetivos, mesmo que essas comparações sejam muitas vezes superficiais e pouco realistas.

Autoexigência Excessiva

A autoexigência extrema é quando alguém se impõe padrões inatingíveis. Essas pessoas se esforçam constantemente para atender a esses padrões elevados, mesmo que isso signifique sacrificar sua saúde e bem-estar. Eles podem não aceitar nada menos do que a perfeição de si mesmos.

Essa autoexigência excessiva pode ser particularmente prejudicial, pois as pessoas nunca sentem que atingiram seus objetivos. A insatisfação constante e a sensação de nunca serem boas o suficiente podem levar à exaustão mental e emocional.

Medo do Fracasso

O medo constante de fracassar pode levar as pessoas a se esforçarem demais para evitar o fracasso a qualquer custo. Mesmo que isso signifique trabalhar longas horas, sacrificar o equilíbrio entre trabalho e vida pessoal e ignorar sinais de exaustão.

O medo do fracasso pode criar uma pressão constante para provar a si mesmo e aos outros. Essa pressão constante pode levar à exaustão e ao burnout, uma vez que as pessoas estão constantemente em alerta máximo para evitar erros.

As expectativas irreais, como a busca pela perfeição constante, a necessidade de aprovação, a comparação com os outros, a autoexigência extrema e o medo do fracasso, desempenham um papel fundamental no desenvolvimento do burnout. Essas expectativas criam uma pressão insuportável que afeta a saúde mental e emocional. Identificar e gerenciar essas expectativas de forma mais saudável é fundamental para prevenir e lidar eficazmente com o burnout.

FALTA DE APOIO NO AMBIENTE DE TRABALHO

A falta de apoio no ambiente de trabalho é outra causa significativa do burnout. Quando os funcionários não se sentem apoiados por seus superiores, colegas ou pela cultura organizacional, o estresse e a exaustão podem se instalar. Vamos explorar mais profundamente os aspectos relacionados à falta de apoio no trabalho e como eles podem contribuir para o desenvolvimento do burnout:

Falta de Reconhecimento

A falta de reconhecimento e elogios pelo trabalho árduo pode deixar os funcionários desmotivados e desvalorizados. Quando os esforços e realizações não são reconhecidos, as pessoas podem sentir que estão trabalhando em vão e que seu trabalho não é valorizado.

A falta de reconhecimento pode criar um ambiente de desânimo, onde os funcionários perdem a motivação para se esforçar ao máximo. Isso pode levar à exaustão emocional, uma vez que os esforços não são recompensados ou apreciados.

Isolamento Profissional

Sentir-se isolado e desamparado no ambiente de trabalho pode aumentar a sensação de sobrecarga e exaustão. O isolamento pode ocorrer quando os funcionários não têm suporte emocional ou social de colegas ou superiores.

O isolamento profissional pode resultar em uma sensação de estar sozinho em lidar com os desafios do trabalho. Isso pode aumentar a carga emocional e tornar difícil encontrar apoio quando necessário.

Falta de Comunicação

A falta de comunicação eficaz dentro da equipe ou organização pode levar a mal-entendidos e à sensação de desamparo. Quando as informações não são compartilhadas de maneira clara e aberta, os funcionários podem se sentir perdidos e desinformados.

A falta de comunicação também pode resultar em conflitos não resolvidos e na sensação de que os problemas não estão sendo abordados. Isso pode aumentar o estresse e a frustração, contribuindo para o burnout.

Cultura de Excesso de Trabalho

Em ambientes de trabalho onde a cultura valoriza o excesso de trabalho e desencoraja o equilíbrio entre trabalho e vida pessoal, o risco de burnout é significativamente maior. Nesses ambientes, os funcionários podem sentir uma pressão constante para trabalhar longas horas e sacrificar sua saúde e bem-estar em prol do trabalho.

A cultura de excesso de trabalho pode criar um ciclo vicioso, onde a exaustão é vista como uma demonstração de dedicação ao trabalho. Isso pode resultar em burnout, uma vez que os funcionários se sentem obrigados a atender a essas expectativas pouco realistas.

Ausência de Recursos

A falta de recursos, como treinamento adequado, tecnologia eficaz e pessoal suficiente, pode sobrecarregar os funcionários e tornar difícil a realização de suas tarefas. Quando os funcionários não têm as ferramentas ou o suporte de que precisam para fazer o trabalho de maneira eficaz, eles podem se sentir frustrados e desamparados.

A ausência de recursos também pode aumentar a carga de trabalho e criar uma sensação de que os funcionários estão constantemente lutando para acompanhar as demandas. Isso pode levar à exaustão física e emocional.

O burnout é uma condição complexa que pode ser desencadeada por uma combinação de fatores individuais, profissionais e ambientais. Fatores individuais, como personalidade, perfeccionismo, habilidades de enfrentamento, expectativas pessoais, história de saúde mental e falta de autocuidado, desempenham um papel importante na suscetibilidade ao burnout.

No ambiente de trabalho, a pressão, a falta de equilíbrio entre trabalho e vida pessoal, expectativas irreais, falta de apoio e cultura organizacional tóxica podem contribuir significativamente para o desenvolvimento do burnout. É essencial reconhecer esses fatores e buscar maneiras de promover um ambiente de trabalho saudável e equilibrado.

A conscientização sobre as causas do burnout é o primeiro passo para a prevenção e a gestão eficaz dessa condição. Identificar os fatores que contribuem para o burnout em sua própria vida e ambiente de trabalho é o primeiro passo para tomar medidas para prevenir ou lidar com essa condição debilitante. No próximo capítulo, discutiremos estratégias eficazes para identificar seu burnout.

4
IDENTIFICANDO O BURNOUT

Na dança da vida, encontre sua alma como o par perfeito.

O primeiro passo para lidar com o burnout é reconhecer e identificar seus sintomas. Neste capítulo, vamos explorar como você pode avaliar seu nível de burnout, usar questionários e ferramentas de autoavaliação e reconhecer os sinais precoces dessa condição. É importante lembrar que o burnout pode afetar qualquer pessoa em diferentes áreas da vida, não apenas no trabalho. Portanto, as estratégias aqui discutidas podem ser aplicadas a várias situações.

COMO AVALIAR SEU NÍVEL DE BURNOUT

Avaliar seu nível de burnout requer autoconsciência e a capacidade de refletir sobre suas experiências, emoções e sintomas. Lembre-se de que o burnout é um processo gradual e que os sintomas podem variar em intensidade. Vamos explorar mais detalhadamente as etapas envolvidas na avaliação do burnout:

Autoavaliação Emocional

A autoavaliação emocional é uma parte essencial do processo de identificação do burnout. Envolve a exploração de seus sentimentos e emoções em relação ao trabalho ou a outras áreas afetadas pelo burnout. Além dos sinais e sintomas específicos mencionados anteriormente, aqui estão alguns aspectos adicionais a considerar ao realizar uma autoavaliação emocional:

Variação emocional: A variação emocional é uma dimensão importante a ser observada durante a autoavaliação. É essencial não apenas identificar como você se sente no momento, mas também como esses sentimentos podem ter mudado ao longo do tempo. Por exemplo:

Mudanças de sentimento: Considere se houve uma mudança notável em seus sentimentos em relação ao trabalho ou a outras áreas da vida. Por exemplo, você pode ter começado sua carreira ou um projeto com entusiasmo e paixão, mas agora sente uma diminuição significativa nesse entusiasmo, substituído por sentimentos de exaustão e desmotivação.

Flutuações emocionais: Além das mudanças a longo prazo, preste atenção às flutuações emocionais no curto prazo. Você pode notar que experimenta altos e baixos frequentes em seu estado emocional? Isso pode ser um sinal de que sua saúde emocional está instável.

Impacto nas relações Interpessoais: Considere como seus sentimentos em relação ao trabalho estão afetando suas relações interpessoais. O burnout não se limita ao ambiente de trabalho; suas implicações podem se estender às relações com colegas, amigos e familiares. Alguns aspectos a serem observados incluem:

Distância emocional: Você está se tornando mais distante emocionalmente das pessoas ao seu redor? Por exemplo, pode estar se sentindo isolado, incapaz de se conectar emocionalmente com os outros ou evitar a interação social.

Irritabilidade e conflitos: O burnout pode aumentar a irritabilidade e tornar você mais propenso a conflitos interpessoais. Observe se está ficando mais impaciente, com tendência a reagir de forma desproporcional a situações desafiadoras ou entrando em conflitos com mais frequência.

Falhas nas comunicações: Você pode notar que está tendo dificuldades crescentes na comunicação com os outros? Isso pode incluir uma diminuição na capacidade de expressar suas necessidades e emoções de forma eficaz ou dificuldade em ouvir e compreender os outros.

Gravidade dos sentimentos: Avaliar a gravidade dos sentimentos que você experimenta é fundamental para entender a extensão do seu estado emocional. Alguns aspectos a serem considerados incluem:

Persistência de sentimentos: Os sentimentos de exaustão, desmotivação e outros sintomas emocionais estão presentes de forma constante e avassaladora? Eles persistem ao longo do tempo, mesmo quando você tira um tempo de folga ou tenta relaxar?

Intensidade emocional: Quão intensos são esses sentimentos? Você se sente apenas um pouco sobrecarregado ocasionalmente, ou os sentimentos são tão profundos e esmagadores que afetam significativamente sua qualidade de vida e funcionamento diário?

Resiliência emocional: Avalie sua resiliência emocional. Você percebe que está tendo dificuldades crescentes em lidar com o estresse e as demandas emocionais? Isso pode indicar que seu estado emocional está se deteriorando.

Registrar essas nuances emocionais pode fornecer uma compreensão mais profunda do seu estado emocional e ajudar na identificação precoce do burnout. Lembre-se de que o burnout não é uma condição binária; ele ocorre em um espectro e pode se manifestar de maneiras diferentes em cada indivíduo. Portanto, prestar atenção a essas variações emocionais pode ser fundamental para tomar medidas proativas em relação à sua saúde mental e emocional. Se você perceber uma combinação de sinais e sintomas consistentes com o burnout e uma deterioração significativa em seu bem-estar emocional, é essencial buscar ajuda profissional para orientação e apoio adequados.

Avaliação Física

A avaliação dos sintomas físicos desempenha um papel crucial na identificação do burnout, uma vez que essa condição pode afetar significativamente o corpo. Além dos sintomas físicos anteriormente mencionados, considere as seguintes informações ao realizar uma avaliação física em busca de sinais de burnout:

Padrões de sono: Registre seus padrões de sono ao longo de um período de tempo. Você observa problemas consistentes de sono, como:

Dificuldade em adormecer: Registre se você tem dificuldade em adormecer. Isso pode incluir a necessidade de muito tempo para pegar no sono, mesmo quando está cansado, ou insônia persistente.

Acordar durante a noite: Observe se você acorda frequentemente durante a noite e tem dificuldade em voltar a dormir. Isso pode interromper seus padrões de sono e resultar em uma sensação de não ter tido um sono restaurador.

Fadiga matinal: Verifique se você acorda de manhã se sentindo cansado, como se não tivesse descansado o suficiente. Isso pode ser um sinal de que seu sono não está sendo restaurador.

Sensações físicas: Além de dores de cabeça, dores musculares e sintomas gastrointestinais, observe outras sensações físicas, como:

Palpitações: Preste atenção se você experimenta palpitações cardíacas, ou seja, batimentos cardíacos perceptíveis, rápidos ou irregulares. O estresse crônico pode afetar o sistema cardiovascular.

Sudorese excessiva: Observe se você está suando excessivamente, mesmo em situações que normalmente não o fariam suar. O estresse pode aumentar a atividade do sistema nervoso simpático, levando a uma sudorese anormal.

Tremores: Sensações de tremores ou agitação física podem ser indicativas de um sistema nervoso sobrecarregado pelo estresse.

Efeito na energia: Como sua energia física está sendo afetada? Você se sente constantemente cansado, com baixa energia, ou sua vitalidade está diminuindo ao longo do tempo? Fique atento aos seguintes indicativos:

Cansaço constante: Avalie se você se sente constantemente cansado, mesmo após uma noite de sono aparentemente adequada. O cansaço persistente pode ser um indicador de esgotamento físico e emocional.

Baixa energia: Considere se sua energia geral diminuiu significativamente ao longo do tempo. Isso pode afetar sua capacidade de se envolver em atividades diárias e pode ser um sinal de exaustão.

Registrar qualquer sintoma físico persistente que você possa estar enfrentando é importante para avaliar sua saúde física e sua possível relação com o burnout. É fundamental reconhecer que o estresse crônico e o esgotamento podem ter um impacto significativo no corpo, levando a uma variedade de sintomas físicos. Esses sintomas não devem ser ignorados, e buscar orientação médica é apropriado se você suspeitar que seu bem-estar físico está sendo afetado pelo burnout.

Análise do Comportamento

A análise do seu comportamento desempenha um papel crucial na identificação dos sinais de burnout. Além das questões mencionadas anteriormente, considere os seguintes aspectos ao avaliar seu comportamento em busca de indicadores de burnout:

Mudanças na produtividade: Além de uma queda no desempenho, observe se você está apresentando os seguintes sintomas:

Queda no desempenho: Além de uma queda no desempenho no trabalho, observe se você está se tornando menos produtivo e eficaz em suas tarefas. A procrastinação e a falta de foco podem ser indicativos de burnout. Preste atenção se você está demorando mais para concluir tarefas que costumava realizar rapidamente e se está cometendo mais erros.

Falta de motivação: Avalie se você está experimentando uma falta significativa de motivação em relação ao seu trabalho ou outras atividades. A perda de interesse e entusiasmo pode ser um sintoma de burnout, levando a uma sensação de apatia em relação às responsabilidades.

Resistência às tarefas: Observe se você está resistindo ou evitando tarefas que normalmente não eram um problema para você. Isso pode incluir procrastinar projetos importantes ou evitar responsabilidades no trabalho.

Atitudes em relação a atividades: Além de observar seu comportamento no trabalho, preste atenção às suas atitudes em relação a atividades fora do trabalho. Você está evitando atividades que costumava desfrutar? Fique atento aos seguintes sinais.

Evitar atividades prévias: Além de observar seu comportamento no trabalho, preste atenção às suas atitudes em relação a atividades fora do trabalho. Você está evitando atividades que costumava desfrutar? Isso pode incluir hobbies, exercícios físicos ou interações sociais. A perda de interesse por atividades que antes eram gratificantes pode ser um sinal de burnout.

Sintomas de depressão: Esteja ciente de sinais de depressão, como falta de prazer em atividades que normalmente eram prazerosas, sentimentos persistentes de tristeza ou vazio, e perda de interesse em interações sociais. A depressão pode estar associada ao burnout e requer atenção médica adequada.

Sinais de isolamento: Esteja ciente de qualquer isolamento social que esteja ocorrendo. Você está se afastando de amigos, familiares ou colegas de trabalho? Podem ser sinais precoces de burnout:

Isolamento social: Esteja atento a qualquer isolamento social que esteja ocorrendo. Você está se afastando de amigos, familiares ou colegas de trabalho? O isolamento pode ser um sinal precoce de burnout. A tendência de se isolar pode resultar de uma falta de energia ou interesse em interações sociais devido ao esgotamento emocional.

Perda de conexões: Observe se você está perdendo conexões importantes com amigos e entes queridos devido ao seu comportamento de isolamento. Manter conexões sociais é fundamental para a saúde mental e emocional, e a perda dessas conexões pode agravar o burnout.

Autoconhecimento: O autoconhecimento desempenha um papel crucial na identificação e gerenciamento do burnout. Observe como você está reagindo às situações, identifique padrões de comportamento e reconheça quando está se sentindo sobrecarregado das seguintes formas:

Prática de autoconsciência: Tente praticar a autoconsciência ao longo do tempo. Isso envolve observar como você está reagindo às situações, identificar padrões de comportamento e reconhecer quando está se sentindo sobrecarregado. A autoconsciência pode ajudá-lo a detectar sinais precoces de burnout e tomar medidas proativas para lidar com eles.

Registre seus sentimentos: Mantenha um diário ou registre seus sentimentos e comportamentos ao longo do tempo. Isso pode ajudar a rastrear mudanças em seu estado emocional e comportamento que podem estar relacionadas ao burnout.

Busque ajuda profissional: Se você está lutando para identificar seus próprios sinais de burnout ou está enfrentando dificuldades significativas em lidar com eles, considere procurar a ajuda de um profissional de saúde mental. Um terapeuta ou psicólogo pode fornecer orientação e apoio para ajudá-lo a entender e gerenciar o burnout de maneira eficaz.

A análise do seu comportamento, tanto no trabalho quanto fora dele, é essencial para identificar os sinais de burnout. Prestar atenção a mudanças na produtividade, atitudes em relação a atividades, sinais de isolamento e praticar a autoconsciência pode ajudar a detectar o burnout em seus estágios iniciais. Tenha em mente que o burnout não afeta apenas o desempenho no trabalho, mas também tem um impacto significativo em suas atividades diárias e interações sociais. Identificar esses sinais precocemente é fundamental para tomar medidas proativas em direção à recuperação e ao bem-estar.

QUESTIONÁRIOS E FERRAMENTAS DE AUTOAVALIAÇÃO

Além da autoavaliação, existem questionários e ferramentas de autoavaliação amplamente utilizados para ajudar a identificar o burnout. Essas ferramentas são projetadas para medir os sintomas e níveis de exaustão. Lembre-se de que esses questionários não fornecem um diagnóstico definitivo, mas podem ser indicativos da presença de burnout. Se você suspeitar que está enfrentando burnout, considere fazer uma ou mais dessas avaliações:

Maslach Burnout Inventory (MBI)

O MBI é uma das ferramentas mais amplamente reconhecidas e utilizadas para avaliar o burnout. Criado por *Christina Maslach* e *Susan Jackson*, este instrumento de avaliação foi desenvolvido na década de 1980 e tem sido uma referência para profissionais de saúde mental, pesquisadores e empresas que desejam medir e compreender o burnout.

O MBI é projetado para medir os três componentes essenciais do burnout, oferecendo uma visão abrangente da experiência da pessoa em relação ao seu trabalho ou outras áreas de sua vida:

Esgotamento Emocional: Esta dimensão do MBI mede sentimentos de exaustão emocional e física. Por meio de perguntas específicas, o MBI explora a frequência e intensidade desses sentimentos. Além disso, investiga a sensação de estar sobrecarregado pelo trabalho ou outras responsabilidades. Ao avaliar o esgotamento emocional, o MBI ajuda a identificar quão drenada a pessoa se sente devido às demandas de sua vida profissional ou pessoal.

Despersonalização: A dimensão de despersonalização do MBI avalia a tendência de uma pessoa a tratar as outras com indiferença, insensibilidade ou desumanização. Isso pode se refletir em atitudes negativas em relação a colegas de trabalho, clientes, pacientes ou qualquer outra pessoa com quem a pessoa interage regularmente em seu contexto profissional ou pessoal. O MBI ajuda a identificar se a pessoa está desenvolvendo sentimentos de cinismo e desconexão em relação aos outros.

Realização pessoal: Esta dimensão do MBI mede o senso de realização e eficácia no trabalho ou em outras áreas da vida. Perguntas nesta área ajudam a avaliar se a pessoa ainda se sente capaz de realizar suas tarefas de forma eficaz e obter satisfação no que faz. Uma diminuição significativa na realização pessoal pode ser um sinal de burnout em desenvolvimento.

O MBI é uma ferramenta versátil que pode ser aplicada em diversos contextos, não se limitando apenas ao ambiente de trabalho. Ele pode ser usado em áreas como saúde, educação, serviços sociais e muitas outras. A aplicação do MBI envolve a avaliação das respostas do indivíduo a uma série de perguntas ou afirmações relacionadas aos três componentes do burnout.

A pontuação no MBI permite uma análise objetiva da presença e gravidade do burnout. Com base nos resultados, podem ser desenvolvidas estratégias de intervenção adequadas para ajudar a pessoa a lidar com o burnout, incluindo a busca de apoio profissional, mudanças nas responsabilidades de trabalho e práticas de autocuidado.

É importante lembrar que o MBI é uma ferramenta valiosa, mas deve ser usada em conjunto com outras avaliações e considerações para obter um quadro completo da situação de uma pessoa em relação ao burnout. Além disso, os resultados do MBI podem ser úteis para organizações identificarem áreas de melhoria na gestão do estresse e bem-estar dos funcionários, promovendo ambientes de trabalho mais saudáveis.

Escala de Burnout de Copenhague (CBO)

A CBO é outra ferramenta amplamente reconhecida e utilizada para avaliar o burnout. Assim como o *Maslach Burnout Inventory* (MBI), a CBO é projetada para fornecer uma análise abrangente das experiências de uma pessoa em relação ao burnout, mas ela se diferencia ao dividir o burnout em quatro dimensões distintas:

Exaustão emocional: Esta dimensão da CBO é semelhante ao esgotamento emocional avaliado pelo MBI. Ela concentra-se na avaliação de sentimentos de exaustão emocional e física. Perguntas nesta dimensão exploram a frequência e intensidade desses sentimentos, bem como a sensação de estar sobrecarregado pelo trabalho ou outras responsabilidades. A exaustão emocional é um dos pilares do burnout e pode afetar significativamente a capacidade de funcionar no trabalho e na vida pessoal.

Despersonalização: Assim como no MBI, a dimensão de despersonalização da CBO avalia a tendência de uma pessoa a tratar as outras com indiferença ou insensibilidade. Isso pode se refletir em atitudes negativas em relação a colegas de trabalho, clientes, pacientes ou qualquer outra pessoa com quem a pessoa interage regularmente em seu contexto profissional ou pessoal. A despersonalização é um dos comportamentos negativos associados ao burnout.

Realização profissional: Esta dimensão da CBO mede o senso de realização e eficácia no trabalho. Perguntas nesta área ajudam a avaliar se a pessoa ainda se sente capaz de realizar suas tarefas de forma eficaz e obter satisfação no trabalho. A diminuição na realização profissional pode afetar a motivação e o engajamento no trabalho, sendo um dos sintomas do burnout.

Sintomas físicos e psicológicos: A dimensão de sintomas físicos e psicológicos da CBO é única em relação ao MBI. Ela avalia sintomas físicos e emocionais associados ao burnout, incluindo dores de cabeça, distúrbios do sono, sintomas gastrointestinais, ansiedade e depressão. Essa dimensão reconhece a interconexão entre o bem-estar físico e emocional e como os sintomas físicos podem ser indicativos do estresse prolongado e da tensão emocional.

A CBO é uma ferramenta abrangente que pode ser aplicada em diversos contextos, não se limitando apenas ao ambiente de trabalho. Ela fornece uma visão mais completa do estado de burnout ao considerar não apenas os aspectos emocionais, mas também os físicos e psicológicos. Ao usar a CBO, é possível obter uma avaliação mais holística das experiências de uma pessoa e, com base nos resultados, desenvolver estratégias de intervenção apropriadas para lidar com o burnout. Da mesma forma que o MBI, os resultados da CBO podem ser úteis para empresas e organizações na identificação de áreas que requerem atenção em relação ao bem-estar dos funcionários e na promoção de ambientes de trabalho mais saudáveis.

Escala de Burnout de Oldenburg (OLBI)

A OLBI é outra ferramenta importante para avaliar o burnout, especialmente em contextos de trabalho. A OLBI se destaca por se concentrar em duas dimensões principais que são fundamentais para entender o estado de burnout de uma pessoa:

Esgotamento: A dimensão de esgotamento da OLBI é semelhante ao esgotamento emocional avaliado pelo *Maslach Burnout Inventory* (MBI) e outras ferramentas. Ela mede sentimentos de exaustão física e emocional, bem como a sensação de sobrecarga. Os indivíduos que sofrem de burnout muitas vezes se sentem profundamente exaustos, mesmo após um período de descanso adequado. Essa exaustão pode afetar negativamente a capacidade de realizar tarefas no trabalho e na vida cotidiana.

Desengajamento: Uma característica distintiva da OLBI é a dimensão de desengajamento. Esta dimensão avalia a tendência de se desconectar emocionalmente do trabalho ou de outras áreas afetadas pelo burnout. Indivíduos que estão desengajados podem começar a se sentir indiferentes ou distantes em relação às tarefas, colegas de trabalho ou outras responsabilidades. Isso pode levar a uma diminuição na motivação e no interesse pelo trabalho, bem como ao isolamento emocional.

A OLBI é particularmente útil para identificar os sinais precoces do burnout, especialmente a tendência de se desconectar emocionalmente das tarefas ou responsabilidades. Ela oferece uma abordagem clara e eficaz para medir o burnout em ambientes de trabalho e pode ser usada tanto para avaliações individuais quanto para análises organizacionais.

É importante ressaltar que as ferramentas de avaliação de burnout, incluindo a OLBI, não fornecem um diagnóstico definitivo da condição. No entanto, elas são valiosas para ajudar a avaliar a presença e a gravidade dos sintomas. Se os resultados dessas ferramentas indicarem a presença de burnout, é essencial buscar orientação profissional para uma avaliação mais completa e um plano de tratamento adequado. O suporte de um profissional de saúde mental, terapeuta ou psicólogo pode ser fundamental para ajudar a pessoa a lidar eficazmente com o burnout e desenvolver estratégias para a recuperação e a prevenção futura.

RECONHECENDO OS SINAIS PRECOCES

Identificar os sinais precoces de burnout é uma parte crucial para interromper o processo antes que ele se torne debilitante. Vamos explorar em detalhes esses sinais, para que você possa estar mais ciente e tomar medidas proativas quando notá-los:

Fadiga Constante

A fadiga constante é frequentemente um dos primeiros indicadores de burnout. É importante perceber que isso vai além do cansaço ocasional após um dia de trabalho agitado. A fadiga relacionada ao burnout é profunda, persistente e muitas vezes não melhora mesmo após uma noite de sono adequada. Você pode se sentir constantemente esgotado, o que afeta sua capacidade de funcionar eficazmente tanto no trabalho quanto na vida pessoal. Prestar atenção a essa fadiga é fundamental, pois pode ser um sinal de alerta precoce.

Irritabilidade

A irritabilidade é um sinal emocional precoce de burnout. Pode se manifestar como ficar facilmente irritado com pequenas coisas que normalmente não o incomodariam. Essa irritabilidade excessiva pode afetar seus relacionamentos pessoais e profissionais, tornando as interações cotidianas mais desafiadoras. Esteja atento se você estiver reagindo de forma mais agressiva ou impaciente do que o normal, pois isso pode ser um indicador de estresse crônico.

Diminuição da Motivação

Uma diminuição na motivação é um sinal de que o burnout pode estar se desenvolvendo. Atividades que costumavam ser motivadoras e gratificantes podem começar a parecer sem sentido e desafiadoras. Essa perda de interesse pode se manifestar tanto no trabalho quanto em atividades pessoais. Se você perceber que está perdendo o entusiasmo por coisas que costumava adorar, isso pode ser um sinal de que precisa prestar mais atenção à sua saúde emocional.

Dificuldades de Concentração

O burnout pode afetar significativamente sua capacidade de se concentrar e manter a atenção em tarefas. Você pode notar que é difícil focar no trabalho, nos estudos ou até mesmo em conversas cotidianas. A memória de curto prazo também pode ser afetada, tornando difícil lembrar informações importantes. Essas dificuldades de concentração podem prejudicar seu desempenho no trabalho e aumentar a sensação de frustração.

Sintomas Físicos

Os sintomas físicos, como dores de cabeça frequentes, dores musculares, distúrbios gastrointestinais, dores de estômago, náuseas e outros sintomas relacionados ao estresse, podem ser indicativos de que o burnout está se desenvolvendo. Esses sintomas são uma resposta direta ao estresse prolongado e à tensão emocional. É importante lembrar que o corpo e a mente estão interconectados, e o estresse emocional pode se manifestar como sintomas físicos.

Isolamento Social

O isolamento social é um comportamento comum em pessoas que estão enfrentando burnout. Você pode começar a evitar interações sociais e se afastar de amigos, familiares e colegas de trabalho. Isso ocorre porque as interações sociais podem parecer esmagadoras e você pode se sentir emocionalmente exausto. Esteja atento se notar que está se tornando mais recluso e se afastando das pessoas que normalmente fazem parte de sua vida.

Aumento do Uso de Substâncias

Recorrer ao álcool, drogas ou outros comportamentos destrutivos como forma de lidar com o estresse é um sinal preocupante de que o burnout pode estar presente. Essas substâncias ou comportamentos podem ser usados como uma maneira temporária de aliviar a pressão, mas, a longo prazo, podem piorar a situação e contribuir para o desenvolvimento do burnout. Se você perceber um aumento no consumo de substâncias ou em comportamentos prejudiciais, é essencial buscar ajuda imediatamente.

Reconhecer os sinais precoces é um passo fundamental para lidar com o burnout. Se você identificar esses sintomas em si mesmo, é importante buscar ajuda e considerar estratégias de autogerenciamento, como a redução da carga de trabalho, o estabelecimento de limites e a prática de técnicas de redução do estresse. Além disso, considere procurar orientação de um profissional de saúde mental para obter suporte e orientação adicionais. Quanto mais cedo você abordar o burnout, mais eficaz será a intervenção e a recuperação. No próximo capítulo, discutiremos quais são as consequências do burnout.

5
CONSEQUÊNCIAS DO BURNOUT

Observe os espelhos da sua alma para encontrar as nuances da sua jornada, e abrace a coragem de confrontar o que vê.

O burnout não é apenas uma condição passageira que afeta o bem-estar de uma pessoa por um curto período de tempo. Ele tem o potencial de criar impactos significativos e duradouros em todas as áreas da vida. Neste capítulo, exploraremos as diversas consequências do burnout, abrangendo desde o impacto na saúde física e mental até as repercussões nas relações pessoais e no desempenho profissional. É fundamental compreender essas consequências para motivar a busca por prevenção e tratamento adequados.

IMPACTO NA SAÚDE FÍSICA E MENTAL

O burnout é uma condição complexa que afeta tanto a saúde física quanto a mental de maneira significativa. Vamos explorar com mais detalhes as consequências dessa condição em ambas as áreas:

Problemas de Saúde Física

O estresse crônico associado ao burnout pode desencadear uma série de problemas de saúde física, que, se não forem tratados adequadamente, podem se tornar crônicos e debilitantes. São formas pelas quais o burnout pode afetar a saúde física:

Sintomas físicos: O estresse crônico associado ao burnout pode desencadear uma série de sintomas físicos. Dores de cabeça frequentes, tensão muscular, dor nas costas, dores abdominais e distúrbios gastrointestinais são exemplos comuns. Esses sintomas podem se tornar crônicos e debilitantes se o burnout persistir.

Sistema imunológico comprometido: O estresse prolongado suprime o sistema imunológico, tornando o corpo mais vulnerável a infecções. Pessoas com burnout são mais propensas a adoecer com frequência e a levar mais tempo para se recuperar de doenças simples.

Problemas cardiovasculares: O burnout está associado a um aumento do risco de problemas cardiovasculares, como hipertensão arterial (pressão alta), doenças cardíacas e acidentes vasculares cerebrais (AVCs). O estresse crônico pode levar a alterações no funcionamento do coração e dos vasos sanguíneos, aumentando o risco de doenças cardiovasculares.

Agravamento de condições médicas preexistentes: Pessoas com condições médicas preexistentes, como diabetes, doenças autoimunes ou distúrbios crônicos, podem ver uma piora em seus sintomas devido ao burnout. O estresse pode desencadear ou exacerbar essas condições.

Impacto na Saúde Mental

O burnout não se limita a afetar apenas a saúde física; ele também tem um impacto significativo na saúde mental das pessoas. As consequências psicológicas do burnout são tão importantes quanto as físicas e podem ter um impacto profundo na qualidade de vida de um indivíduo. Como o burnout afeta a saúde mental e quais são suas implicações:

Depressão: O burnout frequentemente leva à depressão devido à exaustão emocional e à sensação de desesperança que acompanham a condição. As pessoas com burnout podem experimentar tristeza profunda, falta de prazer nas atividades cotidianas e perda de interesse no mundo ao seu redor.

Ansiedade: A ansiedade é outra consequência comum do burnout. Preocupações excessivas, nervosismo constante, irritabilidade e até ataques de pânico podem surgir como resultado do estresse crônico associado a essa condição.

Esgotamento emocional: O esgotamento emocional, um dos principais componentes do burnout, pode resultar em uma sensação generalizada de exaustão física e mental. Isso pode tornar as atividades diárias, como levantar da cama pela manhã, parecerem esmagadoras.

Baixa autoestima: O burnout pode prejudicar a autoestima de uma pessoa, levando-a a se sentir inútil ou inadequada. A falta de realização no trabalho e a sensação de incapacidade de lidar com o estresse podem minar a confiança em si mesmo.

Aumento do risco de transtornos de saúde mental: O burnout pode aumentar significativamente o risco de desenvolver transtornos de saúde mental, como transtorno de ansiedade generalizada (TAG), transtorno de pânico, transtorno obsessivo-compulsivo (TOC) e transtorno depressivo maior (TDM). É uma condição que muitas vezes se sobrepõe a outros problemas de saúde mental.

Aumento do risco de abuso de substâncias: A busca por alívio do estresse pode levar algumas pessoas com burnout a recorrer ao álcool, drogas ou outros comportamentos autodestrutivos. Isso pode levar ao abuso de substâncias, criando uma complicação adicional na gestão do burnout.

É importante entender que o burnout não é apenas uma questão emocional ou psicológica; ele tem ramificações profundas na saúde física e mental. O tratamento adequado e a busca de apoio profissional são essenciais para mitigar esses impactos e recuperar o bem-estar. Reconhecer os sinais precoces e tomar medidas para gerenciar o estresse são passos cruciais na prevenção dessas consequências.

RELAÇÕES PESSOAIS E SOCIAIS AFETADAS

O burnout não afeta apenas o indivíduo, mas também tem um impacto nas relações pessoais e sociais. Vamos explorar em detalhes como essa condição pode afetar essas áreas:

Relações Pessoais Tensionadas

O burnout não é uma condição que afeta apenas o indivíduo; ele tem um impacto significativo nas relações pessoais, incluindo relações familiares, românticas e amizades. O impacto do burnout nas relações pessoais:

Conflitos familiares: O burnout pode levar a conflitos familiares significativos. A irritabilidade, a falta de energia e a incapacidade de lidar com o estresse podem resultar em discussões frequentes e tensões dentro da família. Os membros da família podem se sentir negligenciados e sobrecarregados pelo estado emocional do indivíduo com burnout.

Relações românticas afetadas: Os relacionamentos românticos muitas vezes sofrem devido ao burnout. A diminuição do interesse pelo parceiro, a falta de intimidade devido à exaustão e o aumento do estresse podem prejudicar a qualidade da relação. Parceiros podem sentir-se ignorados ou não compreendidos.

Amizades abaladas: O burnout também pode afetar amizades. Pessoas com burnout tendem a se afastar de amigos devido ao isolamento social e à falta de energia para participar de atividades sociais. Isso pode levar a uma desconexão gradual e a uma diminuição da qualidade das amizades.

Impacto nas crianças: Se houver crianças na família, o burnout dos pais pode afetá-las significativamente. Crianças são sensíveis às emoções e ao comportamento dos pais e podem sentir-se inseguras ou preocupadas quando os pais estão emocionalmente distantes ou irritados.

É importante reconhecer que o burnout não afeta apenas a pessoa que o experimenta; ele tem ramificações significativas nas relações pessoais. A comunicação aberta, o apoio mútuo e, às vezes, a busca de aconselhamento ou terapia podem ser essenciais para ajudar a restaurar relacionamentos afetados pelo burnout.

Impacto Social

O burnout não é uma condição que afeta apenas o indivíduo; ele tem implicações significativas em termos de interações sociais e pertencimento a grupos e comunidades. São considerações adicionais sobre o impacto social do burnout:

Isolamento social: O isolamento social é uma consequência comum do burnout. Devido ao estresse e à exaustão, as pessoas com burnout podem evitar interações sociais, incluindo reuniões com amigos, eventos familiares ou atividades sociais em geral. Isso pode resultar em um sentimento de solidão e isolamento.

Redução do envolvimento social: Além do isolamento, as pessoas com burnout frequentemente reduzem seu envolvimento em grupos sociais, organizações ou comunidades das quais faziam parte anteriormente. Essa retirada social pode afetar negativamente o senso de pertencimento e o apoio social, que são elementos cruciais para o bem-estar emocional.

O burnout não é apenas uma questão individual; ele tem um impacto significativo nas relações interpessoais e sociais. É importante que as pessoas com burnout reconheçam esses efeitos colaterais e considerem o apoio não apenas para sua própria recuperação, mas também para fortalecer suas relações pessoais e sociais. A comunicação aberta com entes queridos e amigos é um passo fundamental para enfrentar esses desafios e buscar apoio mútuo.

DESEMPENHO NO TRABALHO COMPROMETIDO

O burnout tem um impacto significativo no desempenho no trabalho, o que pode levar a consequências profissionais adversas. Algumas das maneiras pelas quais o burnout pode afetar o desempenho no trabalho incluem:

Diminuição da Produtividade

O burnout tem um impacto significativo na produtividade no trabalho, comprometendo a capacidade das pessoas de realizar suas tarefas de forma eficaz e eficiente. Como o burnout afeta a produtividade:

Erros frequentes: Devido à dificuldade de concentração e ao aumento dos sintomas de estresse, as pessoas com burnout são mais propensas a cometer erros no trabalho. Esses erros podem variar desde pequenos erros de digitação até erros significativos em projetos ou tarefas.

Prazos perdidos: A falta de motivação e a exaustão podem levar a atrasos na entrega de projetos e ao cumprimento inadequado de prazos. Isso pode impactar não apenas o próprio trabalho, mas também o trabalho de colegas e a imagem da empresa perante clientes e parceiros.

Em resumo, a diminuição da produtividade é uma das consequências mais visíveis e prejudiciais do burnout no ambiente de trabalho. Ela não apenas afeta o indivíduo, mas também pode ter um impacto cascata, prejudicando a equipe e a organização como um todo. Portanto, é fundamental reconhecer e abordar os sintomas do burnout para mitigar esses efeitos negativos na produtividade e na qualidade do trabalho.

Absenteísmo e Rotatividade

O burnout tem um impacto significativo na presença no trabalho e na rotatividade de funcionários. Aqui estão mais detalhes sobre esses efeitos:

Faltas no trabalho: O burnout frequentemente leva a faltas no trabalho devido a problemas de saúde relacionados ao estresse. As pessoas com burnout podem precisar de licenças médicas para lidar com os sintomas físicos e emocionais dessa condição.

Rotatividade de funcionários: O burnout pode contribuir para a rotatividade de funcionários. As pessoas afetadas podem buscar empregos menos estressantes, mudar de carreira ou até mesmo optar por deixar temporariamente o mercado de trabalho para se recuperar. A rotatividade de funcionários pode ser custosa para as empresas, incluindo custos de contratação e treinamento de novos colaboradores.

O burnout pode levar a um aumento do absenteísmo no trabalho, pois as pessoas enfrentam sintomas físicos e emocionais que requerem tratamento e recuperação. Além disso, a rotatividade de funcionários é uma preocupação, pois os indivíduos podem buscar ambientes de trabalho mais saudáveis e equilibrados. Portanto, as organizações devem estar cientes desses impactos e tomar medidas para prevenir e gerenciar o burnout entre seus funcionários, promovendo um ambiente de trabalho saudável e apoiador.

Relações no Local de Trabalho Afetadas

O burnout não apenas afeta a saúde individual, mas também tem repercussões significativas nas relações no local de trabalho. Como o burnout pode afetar as relações no trabalho:

Conflitos com colegas: O burnout pode levar a conflitos com colegas de trabalho devido a uma atitude negativa em relação às responsabilidades e ao ambiente de trabalho. A irritabilidade e a falta de paciência podem desencadear desentendimentos e afetar o trabalho em equipe.

Comportamento cínico: Pessoas com burnout frequentemente desenvolvem uma atitude cínica em relação ao trabalho. Elas podem questionar a importância ou o propósito de suas tarefas, o que pode resultar em uma falta de engajamento e em um ambiente de trabalho menos colaborativo.

Baixo envolvimento e motivação: O burnout geralmente leva a um declínio no envolvimento e na motivação dos funcionários. Tarefas que antes eram realizadas com entusiasmo agora podem parecer esmagadoras e desinteressantes, levando a uma diminuição na qualidade do trabalho e no alcance de metas.

O impacto do burnout no desempenho no trabalho é uma preocupação significativa tanto para os indivíduos quanto para as organizações. É essencial reconhecer esses sinais precoces e procurar apoio para evitar que a condição afete adversamente a carreira e o ambiente de trabalho. Empresas podem desempenhar um papel crucial no apoio à saúde mental de seus funcionários, promovendo práticas de trabalho saudáveis e oferecendo recursos para prevenir e gerenciar o burnout.

EFEITOS A LONGO PRAZO

O burnout não é uma condição passageira; pode ter efeitos a longo prazo que afetam significativamente a vida de uma pessoa. É importante compreender esses efeitos para entender a gravidade do burnout e a necessidade de tratamento adequado. São efeitos a longo prazo que o burnout pode desencadear:

Recorrência do Burnout

Se não for devidamente tratado, o burnout pode se tornar uma condição recorrente. Pessoas que experimentaram burnout uma vez podem ser mais suscetíveis a enfrentá-lo novamente no futuro, especialmente se as causas subjacentes não forem abordadas. Isso significa que o burnout pode se tornar um ciclo de exaustão e recuperação, afetando repetidamente a vida e o bem-estar.

Impacto na Carreira

O burnout pode prejudicar seriamente a carreira de alguém, resultando em estagnação profissional, perda de oportunidades de desenvolvimento e até mesmo demissão.

Estagnação profissional: O burnout pode prejudicar seriamente a carreira de alguém. Pode levar à estagnação profissional, impedindo o avanço na carreira, pois a pessoa afetada pode não ter a energia ou a motivação para buscar oportunidades de desenvolvimento.

Perda de oportunidades: A falta de desempenho no trabalho devido ao burnout pode resultar na perda de oportunidades de crescimento e progresso na carreira. Isso inclui a perda de promoções, aumento de salário e projetos desafiadores que podem impulsionar a carreira.

Demissão: Em casos graves, o burnout pode levar à demissão. Quando o desempenho no trabalho é consistentemente comprometido devido ao burnout e as medidas corretivas não são tomadas, os empregadores podem decidir encerrar o contrato de trabalho.

Problemas de Saúde Crônicos

A exposição prolongada ao estresse associado ao burnout pode contribuir para o desenvolvimento de problemas de saúde crônicos. Esses problemas de saúde podem persistir a longo prazo e exigir tratamento contínuo. Alguns dos problemas de saúde crônicos associados ao burnout incluem:

Hipertensão arterial: O estresse crônico pode levar ao aumento da pressão arterial, resultando em hipertensão arterial (pressão alta). A hipertensão arterial é um fator de risco significativo para doenças cardíacas e outros problemas de saúde.

Doenças cardíacas: O estresse prolongado também aumenta o risco de doenças cardíacas. Isso inclui condições como aterosclerose (acúmulo de placas nas artérias), que podem levar a ataques cardíacos e derrames.

Diabetes: O estresse crônico tem sido associado ao desenvolvimento de diabetes tipo 2. A resistência à insulina e outros fatores relacionados ao estresse podem contribuir para o desenvolvimento dessa condição.

Distúrbios gastrointestinais crônicos: Problemas gastrointestinais, como úlceras, síndrome do intestino irritável (SII) e outros distúrbios, podem se tornar crônicos devido ao estresse prolongado.

Essas condições de saúde crônicas não apenas afetam a qualidade de vida, mas também podem resultar em despesas médicas significativas ao longo do tempo.

Dificuldades de Saúde Mental Duradouras

O burnout não tratado pode levar a problemas de saúde mental duradouros, como depressão crônica, ansiedade persistente e transtornos de saúde mental recorrentes.

Depressão crônica: O burnout não tratado pode levar à depressão crônica. Os sintomas depressivos podem persistir por longos períodos, afetando o bem-estar emocional e a capacidade de desfrutar da vida.

Ansiedade persistente: A ansiedade também pode se tornar persistente em decorrência do burnout não tratado. Isso pode resultar em preocupações excessivas, nervosismo constante e sintomas de ansiedade que afetam a vida cotidiana.

Transtornos de saúde mental recorrentes: O burnout pode aumentar o risco de desenvolvimento de transtornos de saúde mental recorrentes, como transtorno de ansiedade generalizada (TAG), transtorno de pânico e transtorno depressivo maior. Esses transtornos podem exigir tratamento de longo prazo.

Impacto nas Relações Pessoais

As consequências do burnout podem ter um impacto duradouro nas relações pessoais, incluindo relacionamentos familiares e românticos. A irritabilidade, o distanciamento emocional e a falta de energia podem levar a conflitos e prejudicar a intimidade nas relações. Esses impactos podem levar anos para serem superados, se o burnout não for tratado adequadamente.

Qualidade de Vida Reduzida

O burnout pode afetar permanentemente a capacidade de encontrar satisfação no trabalho, relacionamentos e atividades pessoais. A qualidade de vida pode ser significativamente reduzida, e as atividades que antes eram fonte de alegria podem perder seu apelo.

Perda de Sentido e Propósito

Uma das consequências mais profundas do burnout é a perda de sentido e propósito na vida. As pessoas podem questionar o valor de seu trabalho e de suas ações, levando a uma crise existencial que pode durar muitos anos. Essa perda de sentido pode ter um impacto duradouro na satisfação com a vida e na busca de significado.

O burnout não deve ser subestimado. Suas consequências podem ser profundas e duradouras, afetando não apenas a saúde física e mental, mas também as relações pessoais, o desempenho no trabalho e a qualidade de vida. É fundamental reconhecer os sinais precoces do burnout, buscar ajuda quando necessário e implementar estratégias de prevenção e gerenciamento para evitar o agravamento dessa condição. O burnout não é um sinal de fraqueza, mas sim um reflexo das demandas excessivas e prolongadas que muitos enfrentam em suas vidas. Tratar o burnout com seriedade é essencial para o bem-estar e a saúde a longo prazo.

6
PREVENÇÃO AO BURNOUT

Na arte da prevenção, moldamos um escudo impenetrável contra o burnout, garantindo nossa proteção e crescimento.

O burnout é uma condição debilitante que pode ter sérias consequências para a saúde física e mental, bem como para a qualidade de vida. Felizmente, existem estratégias eficazes para prevenir o burnout e manter um equilíbrio saudável entre trabalho, vida pessoal e bem-estar emocional. Neste capítulo, exploraremos os aspectos cruciais da prevenção do burnout. A prevenção é uma parte fundamental do cuidado com a saúde mental e do bem-estar geral, e todos podem se beneficiar ao adotar medidas proativas para evitar o burnout.

ESTABELECENDO LIMITES SAUDÁVEIS

Estabelecer limites saudáveis é uma parte fundamental da prevenção do burnout. Muitas vezes, o burnout ocorre quando as pessoas ultrapassam seus limites físicos, emocionais e mentais. São modos de estabelecer e manter limites saudáveis:

Aprenda a Dizer "Não"

Uma das habilidades mais poderosas que você pode desenvolver é a capacidade de dizer "não" quando necessário. Isso significa reconhecer seus próprios limites e não se sobrecarregar com compromissos excessivos. Saiba que dizer "não" não é egoísta; é uma forma de proteger sua saúde mental e emocional.

Defina Prioridades Claras

Identificar e definir suas prioridades é crucial para estabelecer limites saudáveis. Isso ajuda a evitar a dispersão de energia em tarefas menos significativas. Reserve tempo para avaliar o que é mais importante em sua vida, seja no trabalho, nos relacionamentos pessoais ou em suas atividades diárias.

Estabeleça Limites no Trabalho

No ambiente de trabalho, é fundamental estabelecer limites claros. Defina seu horário de trabalho e tente cumpri-lo. Evite levar trabalho para casa sempre que possível, para garantir que você tenha tempo para desligar e recarregar fora do ambiente de trabalho.

Converse com Seu Empregador

Se você sentir que suas demandas de trabalho são excessivas e estão causando estresse, é importante conversar com seu empregador. Comunique suas preocupações de maneira assertiva e proponha soluções realistas. Isso pode envolver uma redistribuição de tarefas, uma redução na carga de trabalho ou uma discussão sobre como lidar com prazos mais razoáveis.

Pratique a Comunicação Assertiva

A comunicação assertiva é uma habilidade valiosa para estabelecer limites saudáveis tanto no trabalho quanto nos relacionamentos pessoais. Isso envolve expressar suas necessidades e limites de maneira respeitosa e firme. Lembre-se de que é possível ser assertivo sem ser agressivo, e isso ajuda a evitar conflitos e a garantir que suas necessidades sejam atendidas.

Faça Pausas Regulares

No ambiente de trabalho e na vida cotidiana, fazer pausas regulares é essencial para evitar o esgotamento. Pausas curtas durante o dia permitem que você descanse, recarregue sua energia e mantenha um nível saudável de produtividade. Não se esqueça de que pausas regulares são uma parte importante do gerenciamento de tempo eficaz.

Respeite Seu Tempo de Lazer

Reserve tempo para atividades de lazer que lhe tragam alegria e relaxamento. Proteger seu tempo de lazer é uma parte fundamental do estabelecimento de limites saudáveis. Isso pode incluir hobbies, passar tempo com amigos e familiares, ou simplesmente descansar e relaxar.

Conscientize-se de que estabelecer limites saudáveis não é apenas uma estratégia de prevenção do burnout, mas também uma maneira de melhorar sua qualidade de vida geral. Isso envolve a prática regular de autoconsciência para saber quando é hora de dizer "não" e quando é fundamental dedicar tempo ao autocuidado e ao descanso.

DESENVOLVENDO HABILIDADES DE GERENCIAMENTO DE TEMPO

O desenvolvimento de habilidades eficazes de gerenciamento de tempo é uma ferramenta poderosa na prevenção do burnout. Quando você administra seu tempo de forma eficaz, pode reduzir o estresse relacionado ao trabalho e à vida pessoal, reservando tempo para o autocuidado e atendendo às suas necessidades pessoais. Maneiras para desenvolver habilidades de gerenciamento de tempo:

Estabeleça Metas Claras

Definir metas específicas para suas tarefas e projetos é fundamental para um bom gerenciamento de tempo. Isso ajuda a manter o foco, a estabelecer prioridades e a evitar a sensação de estar sobrecarregado. Ao ter metas claras, você sabe exatamente o que precisa ser feito e pode planejar seu tempo de acordo.

Priorize Tarefas

Identificar tarefas que são urgentes e importantes é um aspecto-chave do gerenciamento de tempo eficaz. Utilize técnicas como a Matriz de Eisenhower, que divide tarefas em quadrantes com base na importância e na urgência. Priorize tarefas que se enquadram no quadrante "importante e urgente" e concentre-se nelas primeiro.

Crie um Cronograma

Desenvolver um cronograma diário ou semanal pode ajudá-lo a organizar seu tempo de maneira eficaz. Reserve tempo para tarefas importantes, mas também para o descanso e atividades de lazer. Ter um cronograma estruturado ajuda a evitar o desperdício de tempo e a garantir que você esteja alocando tempo suficiente para cada área da sua vida.

Evite a Procrastinação

A procrastinação é um hábito que pode aumentar significativamente o estresse, à medida que os prazos se aproximam e as tarefas se acumulam. Aprender a superar a procrastinação é essencial. Você pode usar técnicas de gerenciamento de tempo, como a Técnica Pomodoro, para dividir tarefas em blocos de tempo focado intercalados com pausas curtas.

Use Ferramentas de Produtividade

Existem inúmeras ferramentas de produtividade disponíveis, como aplicativos de gerenciamento de tarefas, calendários e softwares de organização pessoal. Essas ferramentas podem ser valiosas para organizar suas tarefas, definir lembretes e manter o controle do seu tempo. Experimente diferentes ferramentas para encontrar aquelas que melhor se adequam ao seu estilo de trabalho.

Saiba Dizer "Basta"

Esteja ciente de seus próprios limites e reconheça quando atingiu sua capacidade máxima de trabalho em um dia. Empurrar além desse ponto pode levar ao esgotamento. Aprenda a dizer "basta" quando sentir que não pode assumir mais tarefas ou responsabilidades. Isso é fundamental para proteger sua saúde mental e emocional.

Revise e Adapte

Periodicamente, reveja suas estratégias de gerenciamento de tempo para garantir que elas estejam funcionando bem para você. Esteja disposto a fazer ajustes conforme necessário, pois as circunstâncias podem mudar ao longo do tempo. À medida que você ganha experiência em gerenciar seu tempo de forma mais eficaz, pode adaptar suas estratégias para atender às suas necessidades específicas.

Desenvolver habilidades sólidas de gerenciamento de tempo não apenas ajuda na prevenção do burnout, mas também melhora sua produtividade geral e permite que você encontre um equilíbrio mais saudável entre trabalho, vida pessoal e autocuidado. A prática constante dessas habilidades pode levar a uma vida mais equilibrada e menos suscetível ao estresse crônico.

PROCURANDO APOIO E RECURSOS

Buscar apoio social e recursos é uma parte crucial da prevenção e gerenciamento do burnout. A sobrecarga emocional e o estresse relacionados ao burnout podem ser esmagadores, e compartilhar suas preocupações com outros e buscar ajuda profissional podem ser passos essenciais. Aqui estão maneiras de buscar apoio:

Fale com um Profissional de Saúde

Se você estiver enfrentando sintomas de burnout ou sentir que está à beira dele, consulte um profissional de saúde mental. Terapia e aconselhamento com um psicólogo, psiquiatra ou outro profissional qualificado podem ser extremamente eficazes. Um profissional de saúde mental pode ajudá-lo a identificar e abordar os fatores subjacentes que contribuem para o burnout e fornecer estratégias de enfrentamento.

Compartilhe com Amigos e Família

Não hesite em compartilhar seus sentimentos e preocupações com amigos e familiares próximos. O apoio emocional de pessoas queridas pode fazer uma grande diferença em sua jornada de recuperação. Eles podem oferecer ouvir, compreensão e até mesmo sugestões úteis.

Recorra a Recursos da Empresa

Muitas empresas oferecem recursos de apoio aos funcionários para lidar com o burnout e o estresse no trabalho. Programas de Assistência ao Empregado (EAP) são comuns e podem incluir serviços de aconselhamento, apoio jurídico e financeiro. Esteja ciente desses recursos e utilize-os quando necessário. Consulte o departamento de recursos humanos ou recursos humanos da sua empresa para obter informações sobre os serviços disponíveis.

Participe de Grupos de Apoio

Grupos de apoio são ambientes onde você pode compartilhar experiências e desafios com outras pessoas que enfrentam problemas semelhantes. Participar de um grupo de apoio pode proporcionar um senso de comunidade, compreensão mútua e estratégias de enfrentamento compartilhadas. Esses grupos podem ser presenciais ou online.

Consulte um Coach de Vida ou Profissional

Um coach de vida ou profissional pode ser uma fonte valiosa de apoio. Eles podem ajudá-lo a desenvolver estratégias específicas para lidar com o burnout, a definir metas e a melhorar sua qualidade de vida. Um coach pode fornecer orientação e incentivo enquanto você trabalha para superar os desafios do burnout.

Eduque-se Sobre o Burnout

A educação sobre o burnout é uma ferramenta poderosa para a prevenção e o manejo. Quanto mais você souber sobre o burnout, seus sintomas, causas e estratégias de enfrentamento, melhor estará preparado para lidar com essa condição. Considere ler livros, participar de cursos ou acessar recursos online confiáveis para obter informações e insights sobre o burnout.

Entenda que não há vergonha em buscar ajuda e apoio quando você está enfrentando o burnout. Na verdade, reconhecer que você precisa de apoio é um passo importante na direção da recuperação e da prevenção futura. Cada pessoa é única, portanto, escolher as opções de apoio que melhor atendem às suas necessidades individuais é fundamental para seu bem-estar emocional e mental.

CULTIVANDO O AUTOCUIDADO

O autocuidado desempenha um papel vital na prevenção do burnout e na manutenção de uma vida equilibrada e saudável. Não é egoísmo, mas sim um investimento fundamental em sua própria saúde física e mental. São formas de cultivar o autocuidado:

Durma o Suficiente

Priorize o sono adequado. O sono de qualidade é fundamental para a saúde física e mental. Estabeleça uma rotina de sono regular, crie um ambiente propício ao descanso e evite hábitos que prejudiquem a qualidade do sono, como o consumo excessivo de cafeína ou a exposição prolongada a dispositivos eletrônicos antes de dormir.

Faça Atividade Física Regularmente

O exercício físico regular não só contribui para a saúde física, mas também para o bem-estar mental. A atividade física libera endorfinas, substâncias químicas do cérebro que podem melhorar o humor e reduzir o estresse. Encontre uma atividade que você goste, seja caminhada, corrida, ioga, natação ou qualquer outra forma de exercício, e reserve tempo regularmente para isso.

Alimente-se de Forma Saudável

Mantenha uma dieta equilibrada, rica em nutrientes essenciais. Evite o consumo excessivo de alimentos processados, ricos em açúcar e gorduras saturadas. Uma dieta saudável pode fornecer a energia e os nutrientes necessários para enfrentar o estresse diário.

Pratique a Meditação e a *Mindfulness*

A meditação e a prática de *mindfulness* (atenção plena) são técnicas poderosas para reduzir o estresse e aumentar a consciência do momento presente. Reserve um tempo diariamente para a meditação ou pratique o mindfulness em suas atividades cotidianas. Isso pode ajudar a acalmar a mente e a reduzir a ansiedade.

Reserve Tempo para o Lazer

Dedique tempo a atividades que lhe tragam alegria e relaxamento. Seja ler um livro, praticar um hobby, passar tempo ao ar livre ou desfrutar de uma paixão pessoal, é importante reservar momentos para fazer o que o faz feliz. O lazer é uma válvula de escape valiosa do estresse diário.

Estabeleça Limites Digitais

Reduza o tempo gasto em dispositivos eletrônicos e redes sociais. A constante exposição a informações e notificações pode aumentar o estresse e contribuir para a sensação de sobrecarga. Defina limites para o uso de dispositivos e reserve momentos livres de telas para desconectar e recarregar.

Priorize o Descanso

Não subestime a importância do descanso. Tire férias e folgas quando necessário. O descanso adequado ajuda a evitar a exaustão física e mental. Use esse tempo para relaxar, rejuvenescer e reconectar-se consigo mesmo.

Cuide de Sua Saúde Mental

Pratique a autorreflexão e a autoaceitação. Esteja ciente de seus sentimentos e das pressões que você enfrenta. Se necessário, busque ajuda profissional. Um terapeuta ou psicólogo pode oferecer orientação e suporte para lidar com questões emocionais e desenvolver estratégias de enfrentamento eficazes.

A prevenção do burnout envolve uma abordagem holística que engloba o estabelecimento de limites saudáveis, o desenvolvimento de habilidades de gerenciamento de tempo, a busca por apoio e recursos e o cultivo do autocuidado. Ao implementar essas estratégias em sua vida, você estará melhor preparado para evitar o burnout e manter um equilíbrio saudável entre trabalho, vida pessoal e bem-estar emocional. Conscientize-se de que prevenir o burnout é um investimento em sua saúde e qualidade de vida a longo prazo.

7
ESTRATÉGIAS DE AUTOCUIDADO

Como uma gota de chuva nutrindo a terra sedenta, o autocuidado é o elixir que revitaliza nossa alma.

O autocuidado é uma prática fundamental para manter nossa saúde física e mental, prevenir o burnout e promover um bem-estar duradouro. Em um mundo cada vez mais agitado e exigente, reservar tempo para cuidar de si mesmo se torna uma prioridade essencial. Neste capítulo, exploraremos estratégias fundamentais de autocuidado que desempenham um papel crucial na prevenção do burnout e na promoção de um bem-estar geral, fornecendo informações e dicas práticas para ajudá-lo a desenvolver um plano de autocuidado abrangente e eficaz.

EXERCÍCIO FÍSICO

O exercício físico regular oferece uma variedade de benefícios para a saúde, incluindo a redução do estresse, a melhoria do humor e a promoção da clareza mental. São maneiras de incorporar o exercício ao seu autocuidado:

Encontre uma Atividade que Você Goste

Uma das chaves para manter uma rotina de exercícios é escolher uma atividade que lhe traga prazer. Afinal, você é mais propenso a continuar fazendo algo que genuinamente gosta. Seja criativo e experimente diferentes tipos de exercícios até encontrar algo que realmente ressoe com você. Pode ser uma caminhada revigorante ao ar livre, uma aula de dança energética, musculação, ioga, natação ou qualquer outra atividade física que você aprecie. Entenda que não existe uma abordagem única para todos, e o que funciona para uma pessoa pode não ser o melhor para outra.

Estabeleça Metas Realistas

Definir metas de exercícios realistas é fundamental para manter a motivação e o progresso. Certifique-se de que suas metas sejam alcançáveis, levando em consideração seu nível atual de condicionamento físico e seu estilo de vida. Comece devagar e aumente gradualmente a intensidade à medida que se sentir mais confortável. Estabelecer metas alcançáveis, como fazer uma caminhada de 30 minutos três vezes por semana, pode ser um ótimo ponto de partida. À medida que você se torna mais forte e ganha confiança, pode ajustar suas metas para incluir atividades mais desafiadoras.

Crie uma Programação Consistente

Para que o exercício se torne uma parte eficaz do seu autocuidado, é essencial incorporá-lo regularmente à sua rotina. Reserve tempo em sua agenda para o exercício e trate esse tempo com a mesma importância que daria a qualquer outra tarefa ou compromisso. Ao criar uma programação consistente, você está mais propenso a manter-se comprometido com a atividade física. Evite agendamentos que possam interferir com seus momentos de exercício e considere o exercício como um compromisso inegociável consigo mesmo.

Envolva-se em Atividades Sociais

Para algumas pessoas, o exercício em grupo é uma maneira motivadora e socialmente envolvente de manter-se ativo. Participar de aulas de grupo, como *spinning*, ioga em grupo ou aulas de dança, pode proporcionar não apenas os benefícios físicos do exercício, mas também a oportunidade de construir conexões sociais. O envolvimento em esportes em equipe também pode ser uma maneira divertida de ficar ativo e fortalecer relacionamentos. As atividades sociais associadas ao exercício podem aumentar a motivação e o compromisso, tornando o autocuidado uma experiência mais positiva.

Pratique a Variedade

A variedade é a chave para evitar o tédio e o desgaste com seu programa de exercícios. Além disso, diferentes atividades físicas têm diferentes benefícios para o corpo. Alternar entre exercícios aeróbicos, como corrida ou ciclismo, e exercícios de resistência, como musculação ou ioga, pode ajudar a trabalhar diferentes grupos musculares e a melhorar a saúde geral. Além disso, experimentar novas atividades pode ser emocionante e desafiador, mantendo sua rotina de exercícios interessante. Conscientize-se de que a diversidade não se limita apenas às atividades, mas também aos locais em que você faz exercícios. Trocar entre o ambiente interno e o ar livre, por exemplo, pode adicionar uma dimensão extra à sua experiência de exercício.

É importante destacar que o exercício físico é uma ferramenta poderosa na prevenção do burnout. O estresse crônico, que frequentemente leva ao burnout, pode ser atenuado por meio do exercício regular. Quando você se envolve em atividades físicas, seu corpo libera endorfinas, que são neurotransmissores responsáveis pela sensação de bem-estar. Além disso, o exercício pode melhorar a qualidade do sono, ajudar no controle do estresse e da ansiedade, promover a clareza mental e fornecer uma pausa necessária das preocupações e responsabilidades diárias.

Portanto, o exercício físico não é apenas uma parte importante do seu autocuidado, mas também uma estratégia eficaz para proteger sua saúde mental e emocional, tornando-o mais resistente ao burnout. À medida que você incorpora o exercício em sua rotina de autocuidado, lembre-se de que não é apenas um investimento em seu corpo, mas também em sua mente e bem-estar geral.

ALIMENTAÇÃO SAUDÁVEL

Uma dieta equilibrada desempenha um papel crucial em seu bem-estar físico e emocional. O que você come pode afetar seu nível de energia, humor e capacidade de enfrentar o estresse. São diretrizes para uma alimentação saudável:

Priorize Alimentos Integrais

Priorize alimentos naturais e não processados, como frutas, vegetais, grãos integrais, proteínas magras e gorduras saudáveis. Alimentos integrais são ricos em nutrientes essenciais, fibras e antioxidantes, que são fundamentais para manter a saúde geral. Eles fornecem energia de liberação lenta, ajudando a manter níveis de energia estáveis ao longo do dia. Além disso, a variedade de alimentos integrais em sua dieta pode contribuir para um equilíbrio nutricional abrangente.

Mantenha-se Hidratado

A água desempenha um papel fundamental em muitos processos corporais, incluindo a digestão, a circulação sanguínea e a regulação da temperatura. Manter-se hidratado é essencial para o funcionamento adequado do corpo e para a manutenção da saúde geral. Certifique-se de beber água regularmente ao longo do dia, especialmente se estiver envolvido em atividades físicas ou exposto a temperaturas quentes. A desidratação pode levar a sintomas como fadiga, dor de cabeça e dificuldade de concentração.

Evite o Excesso de Açúcar e Gordura Saturada

O consumo excessivo de açúcares refinados, doces e alimentos ricos em gordura saturada, como fast food, pode ter impactos negativos na saúde. Esses alimentos são geralmente densos em calorias, mas pobres em nutrientes essenciais. O açúcar em excesso pode causar flutuações nos níveis de açúcar no sangue e levar a picos de energia seguidos de quedas abruptas, afetando o humor e a energia. A gordura saturada em excesso está associada a problemas de saúde, como doenças cardíacas. Opte por escolhas mais saudáveis, como substituir os lanches açucarados por frutas e substituir as gorduras saturadas por gorduras insaturadas, como as encontradas no azeite de oliva, abacate e peixes gordurosos.

Planeje Refeições Equilibradas

Uma alimentação equilibrada é essencial para fornecer ao seu corpo os nutrientes de que ele precisa para funcionar adequadamente. Tente incluir uma combinação de proteínas, carboidratos complexos e vegetais em cada refeição. As proteínas ajudam a construir e reparar tecidos, os carboidratos fornecem energia e os vegetais são ricos em vitaminas, minerais e fibras. Além disso, incorporar fontes de gorduras saudáveis, como abacates e nozes, pode contribuir para uma dieta equilibrada.

Evite Pular Refeições

Pular refeições é uma prática que pode levar a flutuações nos níveis de açúcar no sangue e à sensação de fome intensa, o que pode contribuir para a irritabilidade e a falta de concentração. Fazer refeições regulares ajuda a manter um nível constante de energia ao longo do dia. Planeje refeições e lanches saudáveis para evitar ficar com muita fome entre as refeições principais.

Evite o Excesso de Cafeína e Álcool

O consumo excessivo de cafeína e álcool pode afetar negativamente o sono e o equilíbrio emocional. A cafeína, encontrada no café, chá e refrigerantes, é um estimulante que pode interferir na qualidade do sono, levando a noites agitadas e insônia. O álcool, quando consumido em excesso, pode afetar o equilíbrio emocional, causando mudanças de humor e ansiedade. Além disso, o álcool pode interferir no sono, tornando-o menos restaurador. Consuma cafeína e álcool com moderação e esteja ciente de como eles afetam seu corpo e bem-estar emocional.

Manter uma alimentação saudável não é apenas importante para a saúde física, mas também desempenha um papel fundamental na saúde mental e emocional. O que você come pode afetar seu humor, níveis de energia e capacidade de enfrentar o estresse. Comer uma dieta equilibrada rica em nutrientes pode fornecer ao seu corpo as ferramentas de que ele precisa para lidar com o estresse de maneira mais eficaz e manter um estado de equilíbrio emocional. Portanto, como parte do seu autocuidado e na prevenção do burnout, considere a nutrição como um componente vital do seu bem-estar geral.

PRÁTICAS DE RELAXAMENTO E *MINDFULNESS*

A prática regular de relaxamento e *mindfulness* pode ajudar a reduzir o estresse, aumentar a resiliência emocional e promover um estado de calma mental. Estratégias para incorporar essas práticas ao seu autocuidado:

Meditação

A meditação é uma técnica que envolve a focalização da atenção em um objeto, pensamento ou atividade para acalmar a mente e promover a consciência do momento presente. Comece com sessões curtas, de apenas alguns minutos, e aumente gradualmente o tempo conforme sua prática se desenvolve. Existem muitos tipos de meditação, incluindo meditação de atenção plena (mindfulness), meditação transcendental e meditação guiada. Experimente diferentes abordagens para encontrar a que mais ressoa com você.

Respiração Profunda

A respiração profunda é uma técnica simples para reduzir o estresse. Reserve alguns minutos todos os dias para praticar respirações profundas. Isso pode ser feito inspirando pelo nariz, mantendo a respiração por alguns segundos e expirando lentamente pelo nariz ou pela boca. A respiração profunda ajuda a acalmar o sistema nervoso, reduzir a ansiedade e promover um estado de relaxamento.

Yoga

O yoga combina exercícios físicos, posturas e técnicas de respiração com foco na conexão mente-corpo. A prática regular de yoga pode ajudar a aliviar a tensão física e mental, aumentar a flexibilidade e promover a consciência corporal. Existem diferentes estilos de yoga, desde o mais suave até o mais intenso. Escolha um estilo que se adapte às suas necessidades e preferências.

Mindfulness

O *mindfulness* envolve a atenção plena ao momento presente, sem julgamento. Você pode praticar mindfulness em suas atividades diárias, como comer, caminhar ou até mesmo lavar louça, prestando atenção plena a cada detalhe do processo. Além disso, pode reservar tempo para sessões formais de mindfulness, onde se concentra na respiração e na observação dos pensamentos e sensações à medida que surgem. O *mindfulness* ajuda a reduzir a ruminação mental, promove o equilíbrio emocional e melhora a clareza mental.

Relaxamento Progressivo

Essa técnica envolve a tensão e o relaxamento conscientes de grupos musculares específicos para aliviar a tensão física. É útil para relaxar antes de dormir ou em momentos de estresse. Comece com os músculos dos pés e vá progredindo até a cabeça, conscientemente relaxando cada grupo muscular. Isso pode ser feito em apenas alguns minutos e ajuda a liberar a tensão acumulada no corpo.

Massagem

Agendar uma massagem profissional pode ser uma ótima maneira de relaxar e aliviar a tensão muscular. A massagem não só ajuda fisicamente a relaxar os músculos, mas também tem efeitos positivos no estado de espírito. Ela pode reduzir a ansiedade, melhorar o humor e promover uma sensação geral de bem-estar. Se não for possível fazer massagens profissionais com regularidade, considerar aprender algumas técnicas de automassagem pode ser uma alternativa.

Reserve Tempo para Hobbies Criativos

Envolver-se em atividades criativas que o ajudem a relaxar e a se expressar é uma excelente maneira de aliviar o estresse. Pintura, escrita, jardinagem, música, artesanato ou qualquer outra atividade que você goste pode ser incorporada ao seu autocuidado. Esses hobbies permitem que você desconecte do estresse do dia a dia, mergulhando em atividades que proporcionam alegria e satisfação pessoal.

Passe Tempo na Natureza

Passar tempo ao ar livre em ambientes naturais pode ter efeitos calmantes e restauradores na mente e no corpo. A natureza oferece um ambiente tranquilo onde você pode se desconectar das pressões e preocupações da vida cotidiana. Caminhar em trilhas, fazer piqueniques, acampar ou simplesmente relaxar em um parque pode ser uma maneira eficaz de reduzir o estresse e recarregar suas energias. A exposição à natureza também está associada a melhorias no humor e na saúde mental. Portanto, reserve tempo para se conectar com o mundo natural sempre que possível.

Incorporar essas práticas de relaxamento e mindfulness em sua rotina de autocuidado pode ajudar a fortalecer sua resiliência emocional, aumentar sua capacidade de lidar com o estresse e promover um estado de bem-estar geral. Experimente diferentes técnicas e descubra quais funcionam melhor para você, ajustando sua prática de acordo com suas necessidades e preferências.

SONO E DESCANSO ADEQUADOS

O sono desempenha um papel fundamental na sua capacidade de enfrentar o estresse e manter o equilíbrio emocional. A falta de sono adequado pode levar a problemas de saúde física e mental. São maneiras de garantir um sono de qualidade e descanso adequado:

Mantenha um Horário Regular de Sono

Tente estabelecer um horário consistente para dormir e acordar, mesmo nos finais de semana. Isso ajuda a regular seu relógio biológico, permitindo que você adormeça e acorde mais facilmente.

Crie um Ambiente Propício ao Sono

Certifique-se de que seu quarto seja confortável, escuro e silencioso. Investir em um colchão e travesseiros de qualidade pode fazer uma diferença significativa na qualidade do seu sono. Também considere ajustar a temperatura do quarto para torná-lo aconchegante.

Evite Estimulantes à Noite

Evite o consumo de cafeína, álcool e refeições pesadas antes de dormir, pois esses podem afetar negativamente a qualidade do sono. A cafeína é um estimulante que pode manter você acordado, e o álcool pode perturbar o padrão de sono.

Estabeleça uma Rotina Relaxante

Reserve tempo antes de dormir para atividades relaxantes, como leitura, meditação, alongamento ou um banho quente. Isso prepara sua mente e corpo para uma noite de sono tranquila. Evite dispositivos eletrônicos que emitem luz azul, como smartphones e tablets, antes de dormir, pois essa luz pode interferir no seu ritmo circadiano.

Limite a Soneca Diurna

Se você sentir a necessidade de tirar uma soneca durante o dia, limite-a a 20-30 minutos. Sonecas mais longas podem atrapalhar seu sono noturno e torná-lo mais difícil de adormecer.

Fique Ativo Durante o Dia

A atividade física regular pode ajudar a melhorar a qualidade do sono. No entanto, evite fazer exercícios intensos muito perto da hora de dormir, pois isso pode aumentar sua energia e dificultar o relaxamento necessário para adormecer.

Gerencie o Estresse

O estresse pode ser uma das principais razões pelas quais as pessoas têm dificuldade em adormecer ou permanecer dormindo. Pratique técnicas de gerenciamento do estresse, como a respiração profunda, para acalmar a mente antes de dormir. A meditação e o mindfulness também podem ajudar a reduzir o estresse e preparar sua mente para um sono tranquilo.

Consulte um Profissional de Saúde

Se você continua tendo problemas de sono mesmo após a implementação dessas estratégias, é aconselhável consultar um profissional de saúde. Eles podem avaliar se há algum problema subjacente, como insônia, apneia do sono ou distúrbios relacionados ao sono, que requer tratamento especializado.

Priorizar um sono de qualidade e descanso adequado é essencial para manter sua saúde física e emocional. Descansar bem à noite ajuda a melhorar o humor, a memória, a capacidade de concentração e a resiliência ao estresse, tornando-o mais bem preparado para enfrentar os desafios diários.

LAZER E HOBBIES

O lazer e os hobbies desempenham um papel importante na quebra da rotina e na promoção do bem-estar emocional. Encontrar tempo para atividades que lhe tragam alegria e satisfação é uma parte essencial do seu plano de autocuidado. São modos de incorporar o lazer e os hobbies em sua vida:

Identifique Suas Paixões

O primeiro passo é descobrir quais são suas paixões e interesses. Pergunte a si mesmo o que realmente o faz feliz e empolgado. Isso pode variar de pessoa para pessoa e pode incluir atividades como esportes, leitura, culinária, arte, música, jardinagem, dança, fotografia, viajar e muito mais. A chave é encontrar algo que verdadeiramente o apaixone.

Priorize o Tempo para Atividades de Lazer

Reserve tempo regularmente em sua agenda para dedicar-se às atividades de lazer. Assim como você agendaria compromissos de trabalho, comprometa-se a fazer o mesmo com suas atividades de lazer. Isso demonstra a importância que você dá ao seu bem-estar emocional.

Descubra Novos Interesses

Esteja aberto a explorar novos hobbies e interesses. Às vezes, descobrir algo novo pode ser empolgante e rejuvenescedor. Inscrever-se em uma aula, assistir a workshops ou simplesmente experimentar algo diferente pode levar a descobertas surpreendentes.

Compartilhe Atividades com Outros

Participar de atividades de lazer com amigos e familiares pode fortalecer relacionamentos e criar memórias significativas. Isso também pode aumentar o senso de comunidade e pertencimento.

Desconecte-se do Digital

Ao se envolver em atividades de lazer, desconecte-se de dispositivos eletrônicos e redes sociais. Isso permite que você se concentre totalmente no momento presente e aproveite ao máximo sua experiência de lazer.

Envolva-se em Atividades Criativas

Atividades criativas, como arte, música, escrita e artesanato, podem ser especialmente terapêuticas e inspiradoras. Elas permitem que você se expresse de maneira única e liberte sua criatividade.

Passe tempo na Natureza

A natureza oferece um ambiente sereno para relaxamento e contemplação. Seja caminhar em uma trilha, acampar ou simplesmente relaxar em um parque, passar tempo ao ar livre pode renovar seu espírito e recarregar suas energias.

Mantenha um Equilíbrio

Embora o lazer seja importante, mantenha um equilíbrio saudável entre o trabalho, o autocuidado e outras responsabilidades. Isso garantirá que você possa desfrutar de momentos de lazer sem se sentir sobrecarregado por obrigações.

Não se Sinta Culpado

Não se sinta culpado por dedicar tempo a si mesmo e às atividades que lhe trazem alegria. É através desses momentos de lazer que você se rejuvenesce e se torna mais capaz de enfrentar os desafios da vida cotidiana.

O autocuidado não pode ser visto como um luxo, mas como uma necessidade para manter uma saúde física e mental robusta. Mantenha-se comprometido com o autocuidado e entenda que é um processo contínuo.

Tenha em mente que o autocuidado não é uma abordagem única para todos. Cada pessoa é única e o que funciona para uma pessoa pode não funcionar para outra. Portanto, experimente diferentes estratégias de autocuidado e descubra o que melhor se adapta a você.

À medida que você desenvolve uma rotina de autocuidado, você fortalece sua capacidade de lidar com o estresse, prevenir o burnout e viver uma vida mais saudável e equilibrada. Não subestime o poder de cuidar de si mesmo; é a base para uma vida significativa e satisfatória.

8

EQUILIBRANDO TRABALHO E VIDA PESSOAL

Equilíbrio é como a dança das folhas ao vento. Aprenda a dançar com a vida e encontre a harmonia.

Encontrar um equilíbrio saudável entre o trabalho e a vida pessoal é fundamental para o bem-estar, a saúde e a felicidade. No entanto, em um mundo em que a tecnologia nos mantém constantemente conectados e a pressão por alto desempenho profissional é grande, essa busca pelo equilíbrio pode ser desafiadora. Neste capítulo, exploraremos estratégias para ajudá-lo a definir prioridades, estabelecer limites no trabalho e reconhecer a importância das férias e dos dias de folga.

DEFININDO PRIORIDADES

Definir prioridades é uma habilidade fundamental para equilibrar o trabalho e a vida pessoal de forma eficaz. Ao determinar o que é mais importante em sua vida, você pode direcionar seus recursos limitados de tempo e energia para o que realmente importa. Estratégias para ajudá-lo a definir prioridades:

Avalie Seus Valores e Metas

Para começar, reserve um tempo para refletir sobre seus valores fundamentais e objetivos de longo prazo.

Pergunte a si mesmo o que é realmente importante para você. Isso pode incluir coisas como relacionamentos, saúde, carreira, crescimento pessoal, diversão, contribuição para a comunidade, entre outros. A identificação desses valores ajuda a estabelecer a base para suas prioridades.

Estabeleça Objetivos Claros

Depois de identificar seus valores, é hora de definir metas específicas em várias áreas da sua vida. Por exemplo, você pode definir objetivos de saúde, como praticar exercícios regularmente ou comer de forma mais saudável. Ou pode estabelecer metas de carreira, como desenvolver certas habilidades ou alcançar uma posição específica. Ter metas claras dá direção às suas prioridades e ajuda a focar seus esforços.

Faça uma Lista de Tarefas com Base em Prioridades

Quando se trata de sua lista de tarefas diárias ou semanais, a priorização é fundamental. Ao planejar suas atividades, comece com as tarefas mais importantes e urgentes. Use técnicas como a Matriz de Eisenhower, que divide as tarefas em quatro categorias: importante e urgente, importante mas não urgente, urgente mas não importante, e nem urgente nem importante. Concentre-se nas duas primeiras categorias para garantir que você esteja atendendo às suas prioridades principais.

Pratique a Arte de Dizer "Não"

A habilidade de dizer "não" de maneira eficaz é uma ferramenta poderosa na definição de prioridades. Muitas vezes, a sobrecarga ocorre quando você se compromete com mais do que pode lidar. Aprenda a avaliar as solicitações e compromissos em relação às suas prioridades e objetivos. Se algo não se alinha com eles, esteja disposto a recusar educadamente.

Aprenda a Delegar

A delegação é outra maneira importante de gerenciar suas prioridades. No trabalho e em casa, reconheça que você não precisa fazer tudo sozinho. Seja no ambiente profissional ou nas tarefas domésticas, identifique tarefas que podem ser delegadas a outras pessoas. Isso não apenas alivia a carga sobre você, mas também oferece a oportunidade de capacitar e envolver outros.

Avalie e Reajuste Regularmente

Finalmente, lembre-se de que suas prioridades podem mudar ao longo do tempo. À medida que você evolui pessoal e profissionalmente, é importante revisar e ajustar suas metas e valores regularmente. O que era importante para você há um ano pode não ser mais relevante hoje. Faça uma revisão periódica para garantir que suas escolhas estejam alinhadas com seu crescimento e evolução.

Ao definir prioridades de maneira consciente e consistente, você estará melhor preparado para tomar decisões que promovam um equilíbrio saudável entre o trabalho e a vida pessoal, permitindo que você alcance suas metas enquanto mantém seu bem-estar e felicidade.

ESTABELECENDO LIMITES NO TRABALHO

Estabelecer limites no trabalho é fundamental para proteger seu bem-estar e garantir um equilíbrio saudável entre a vida profissional e pessoal. Estratégias para ajudá-lo a estabelecer limites eficazes:

Defina Horários de Trabalho Claros

Definir horários de trabalho bem definidos é crucial para estabelecer limites eficazes. Isso não apenas ajuda você a gerenciar seu tempo de maneira mais eficiente, mas também permite que seus colegas e superiores saibam quando podem esperar sua disponibilidade. Mantenha-se consistente com seus horários de trabalho e evite prolongar suas horas regularmente.

Evite Levar Trabalho para Casa

Embora não seja sempre possível, evitar levar trabalho para casa ajuda a criar uma separação clara entre sua vida profissional e pessoal. Reserve seu espaço pessoal para atividades de relaxamento, tempo com a família e outras prioridades não relacionadas ao trabalho. Isso é essencial para recarregar e evitar a sensação de estar sempre conectado ao trabalho.

Desligue as Notificações Após o Expediente

Configure seus dispositivos e aplicativos de trabalho para não receber notificações fora do horário de trabalho. Isso ajuda a evitar a tentação de verificar constantemente o trabalho fora do expediente e permite que você se desconecte e relaxe completamente durante seu tempo livre.

Aprenda a Dizer "Não" a Horas Extras Excessivas

Embora seja importante ser flexível e ocasionalmente fazer horas extras, evite torná-las uma rotina. Antes de aceitar horas extras, avalie se são realmente necessárias e se estão alinhadas com seus objetivos e prioridades pessoais. Se você perceber que as horas extras se tornaram excessivas e prejudicam seu equilíbrio, esteja disposto a recusá-las ou discuti-las com seu empregador.

Comunique-se com Seu Empregador

A comunicação aberta com seu empregador é essencial para estabelecer limites no trabalho. Se você sentir que sua carga de trabalho está se tornando excessiva ou que seus limites não estão sendo respeitados, converse com seu supervisor ou gerente. Explique suas preocupações e discuta possíveis soluções, como redistribuição de tarefas, flexibilidade de horários ou recursos adicionais.

Reserve Tempo para Atividades Pessoais

Uma parte importante de estabelecer limites no trabalho é reservar tempo para atividades pessoais e familiares. Planeje com antecedência e reserve tempo em sua agenda para essas atividades. Trate esses momentos com a mesma seriedade e importância que seus compromissos de trabalho. Isso ajuda a garantir que você mantenha um equilíbrio saudável entre suas obrigações profissionais e sua vida pessoal.

Estabelecer limites no trabalho não apenas protege seu tempo e energia, mas também contribui para um ambiente de trabalho mais saudável e produtivo. Lembre-se de que seus limites são importantes, e você tem o direito de defendê-los para garantir seu bem-estar e qualidade de vida.

A IMPORTÂNCIA DAS FÉRIAS E DIAS DE FOLGA

As férias e os dias de folga são vitais para a recuperação física e mental. Eles permitem que você se desconecte do estresse do trabalho e recarregue suas energias. Razões pelas quais as férias e os dias de folga são essenciais:

Recuperação e Recarga

As férias oferecem uma pausa necessária da rotina diária de trabalho. Durante esse tempo, você tem a oportunidade de relaxar, recarregar e se desconectar do estresse relacionado ao trabalho. Isso é fundamental para recuperar a energia física e mental que pode ter sido esgotada devido às demandas do trabalho.

Melhor Equilíbrio Entre Trabalho e Vida

Tirar férias e dias de folga regularmente ajuda a criar um equilíbrio mais saudável entre suas responsabilidades profissionais e sua vida pessoal. Isso permite que você dedique tempo para cuidar de si mesmo, de sua família e de suas necessidades pessoais, reduzindo o risco de sobrecarga e burnout.

Melhora na Saúde

A desconexão do trabalho durante as férias está associada a uma melhoria significativa na saúde física e mental. Pesquisas demonstraram que as pessoas que tiram férias regularmente têm menor probabilidade de desenvolver condições relacionadas ao estresse, como doenças cardíacas, depressão e ansiedade. Além disso, o descanso adequado promove um sistema imunológico mais forte e aumenta a resistência a doenças.

Fortalecimento de Relacionamentos

As férias em família ou com entes queridos proporcionam tempo de qualidade juntos, fortalecendo os laços e criando memórias significativas. Esses momentos compartilhados são fundamentais para nutrir relacionamentos e criar conexões mais profundas.

Estímulo à Criatividade e à Inspiração

Durante as férias, você tem a oportunidade de se abrir para novas experiências, lugares e culturas. Essa exposição a novos estímulos frequentemente estimula a criatividade e a inspiração. Você pode retornar ao trabalho com uma perspectiva renovada e novas ideias para enfrentar desafios profissionais.

Prevenção de Esgotamento

Tirar férias regulares é uma estratégia eficaz para prevenir o esgotamento profissional. Quando você tira tempo para descansar e recarregar, está investindo em sua saúde mental e emocional. Isso ajuda a garantir que você permaneça produtivo, motivado e capaz de enfrentar as demandas do trabalho de maneira mais eficaz.

Encontrar um equilíbrio entre trabalho e vida pessoal é um desafio contínuo, mas é fundamental para sua saúde física e mental. Ao definir prioridades, estabelecer limites no trabalho e reconhecer a importância das férias e dos dias de folga, você pode criar um estilo de vida mais equilibrado e gratificante. Tenha em mente que equilibrar esses dois aspectos da vida é um investimento em seu bem-estar e felicidade a longo prazo.

9

LIDANDO COM A PRESSÃO DO TRABALHO

A pressão é a forja que molda o aço da sua determinação. Enfrente-a com coragem e saia fortalecido.

Lidar com a pressão no trabalho é uma habilidade essencial em um mundo profissional cada vez mais competitivo e exigente. A pressão no trabalho pode surgir de várias fontes, como prazos apertados, metas desafiadoras, conflitos interpessoais e alta carga de responsabilidades. Neste capítulo, exploraremos técnicas de gestão do estresse, comunicação eficaz no trabalho e estratégias para delegação de tarefas. Essas habilidades são cruciais para enfrentar as pressões do ambiente de trabalho e manter um equilíbrio saudável entre produtividade e bem-estar.

TÉCNICAS DE GESTÃO DO ESTRESSE

O estresse no trabalho é uma realidade com a qual a maioria das pessoas precisa lidar em algum momento de suas carreiras. No entanto, aprender a gerenciar eficazmente o estresse pode fazer a diferença entre um ambiente de trabalho saudável e um que prejudique sua saúde e qualidade de vida. Vamos explorar algumas técnicas de gestão do estresse:

Identifique Fontes de Estresse

Identificar as fontes específicas de estresse é o primeiro passo para lidar com elas de forma eficaz. Anote quais situações ou responsabilidades estão causando ansiedade e tensão. Pergunte a si mesmo: "O que está me incomodando no trabalho?" ou "Quais são as principais fontes de estresse que enfrento?" Ter clareza sobre essas fontes ajuda a desenvolver um plano de ação para gerenciá-las.

Pratique a Respiração Profunda

A respiração profunda é uma técnica simples e eficaz para acalmar a mente e reduzir o estresse. Reserve alguns minutos regularmente para praticar a respiração profunda. Inspire profundamente pelo nariz, mantenha o ar por alguns segundos e expire lentamente pela boca ou nariz. Isso ajuda a diminuir a frequência cardíaca e relaxar os músculos.

Exercício Físico Regular

A atividade física é um dos melhores antídotos naturais para o estresse. Quando você se exercita, seu corpo libera endorfinas, que são neurotransmissores que melhoram o humor e reduzem a percepção da dor. Além disso, o exercício físico regular ajuda a reduzir os níveis de cortisol, o hormônio do estresse.

Encontre uma atividade física que você goste, seja caminhar, correr, nadar, praticar ioga ou dançar. A chave é incorporar o exercício à sua rotina de forma consistente.

Mesmo pequenas caminhadas diárias podem fazer uma grande diferença no seu nível geral de estresse.

Pratique a Meditação e o *Mindfulness*

A meditação e a prática de mindfulness envolvem a concentração no momento presente, sem julgamento. A meditação pode ser feita de várias maneiras, desde meditar por alguns minutos até práticas mais longas. O mindfulness pode ser incorporado em atividades diárias, como comer ou caminhar. Essas técnicas ajudam a acalmar a mente e a aumentar a resiliência ao estresse.

Estabeleça Limites no Trabalho

Estabelecer limites saudáveis no trabalho é essencial para evitar o estresse crônico. Isso inclui definir horários de trabalho claros, evitar levar trabalho para casa regularmente e aprender a dizer "não" a tarefas excessivas. Respeitar esses limites é fundamental para proteger seu tempo e energia.

Organize-se e Planeje

A desorganização pode aumentar o estresse no trabalho. Desenvolva habilidades de organização e planejamento para gerenciar tarefas de maneira mais eficaz. Isso pode incluir a criação de listas de tarefas, o uso de calendários e a definição de prioridades claras.

Estabeleça um Sistema de Apoio

Conversar com amigos, familiares ou colegas de trabalho de confiança pode ser uma maneira eficaz de lidar com o estresse. Compartilhar suas preocupações e ouvir conselhos ou apoio pode aliviar o fardo emocional. Ter um sistema de apoio forte ajuda você a se sentir compreendido e menos isolado em momentos estressantes.

Busque Ajuda Profissional

Se o estresse no trabalho estiver afetando significativamente sua saúde mental e física, não hesite em buscar ajuda de um profissional de saúde mental. A terapia e o aconselhamento podem ser recursos valiosos para aprender a lidar com o estresse de maneira mais eficaz. Um profissional de saúde mental pode fornecer estratégias específicas para enfrentar o estresse e ajudá-lo a construir resiliência emocional.

As técnicas citadas podem variar de pessoa para pessoa, e é importante encontrar as que funcionam melhor para você. A prática constante dessas técnicas pode ajudar a aliviar o estresse e a aumentar a sua resiliência, permitindo que você lide de maneira mais eficaz com as pressões do ambiente de trabalho.

COMUNICAÇÃO EFICAZ NO TRABALHO

A comunicação eficaz é uma habilidade fundamental para lidar com a pressão no trabalho. Ela pode melhorar a colaboração, reduzir conflitos e garantir que as informações sejam transmitidas de maneira clara e precisa. Vamos explorar estratégias para aprimorar a comunicação no ambiente de trabalho:

Escuta Ativa

A escuta ativa é a base de uma comunicação eficaz. Envolve ouvir não apenas as palavras, mas também os sentimentos e preocupações por trás delas. Aqui estão algumas práticas para a escuta ativa:

Ouça com atenção: Quando alguém está falando, concentre-se totalmente na pessoa e na mensagem que ela está transmitindo. Evite distrações, como olhar para o telefone ou pensar em outras coisas enquanto ouve.

Faça perguntas claras: Para entender melhor, faça perguntas abertas, como "Pode me explicar mais sobre isso?" ou "Como você se sente em relação a essa situação?". Isso demonstra interesse genuíno.

Demonstre empatia: Mostre compreensão e empatia em relação às preocupações e sentimentos da outra pessoa. Reflita sobre o que foi dito, como "Entendo que isso pode ser muito frustrante para você."

A escuta ativa não apenas melhora a compreensão, mas também fortalece os relacionamentos e ajuda a resolver conflitos de maneira construtiva.

Comunique-se de Maneira Clara e Direta

Evite a ambiguidade em suas comunicações. Certifique-se de que suas mensagens sejam claras, concisas e diretas. Use linguagem simples e evite jargões ou termos técnicos desnecessários. Certifique-se de que as informações críticas sejam comunicadas de forma inequívoca. São formas de se comunicar de maneira clara e direta:

Use linguagem simples: Evite jargões e termos técnicos que possam confundir os destinatários da mensagem. Mantenha a linguagem simples e acessível.

Seja conciso: Evite informações irrelevantes e vá direto ao ponto. Mensagens concisas são mais fáceis de entender e reter.

Destaque informações Críticas: Se uma mensagem contiver informações essenciais, destaque-as claramente. Você pode usar negrito, itálico ou repetir informações importantes para enfatizar sua importância.

Peça feedback: Após se comunicar, convide os destinatários a fornecer feedback para garantir que a mensagem tenha sido compreendida conforme você pretendia.

Seja Assertivo

A assertividade é uma habilidade valiosa que permite expressar suas opiniões, necessidades e limites de forma respeitosa e eficaz. São diretrizes para a assertividade:

Seja claro e firme: Comunique suas ideias e necessidades de maneira clara e direta, sem ambiguidade. Use "Eu" em suas declarações para expressar seus sentimentos e pontos de vista, como "Eu gostaria de discutir essa ideia com você."

Respeite os outros: Ser assertivo não significa ser agressivo. Respeite as opiniões dos outros e esteja aberto ao diálogo.

Pratique a escuta ativa: Quando os outros estão se expressando, ouça com empatia e atenção. Isso cria um ambiente de comunicação respeitosa.

Esteja aberto a negociações: Esteja disposto a encontrar soluções colaborativas quando houver desacordos. A negociação pode levar a acordos que atendam às necessidades de ambas as partes.

Tenha em mente que a assertividade ajuda a evitar conflitos e a resolver problemas de maneira construtiva.

Construa Relacionamentos Profissionais

Relacionamentos saudáveis no local de trabalho são fundamentais para uma comunicação eficaz. Estratégias para construir relacionamentos profissionais positivos:

Estabeleça confiança: Cumpra suas promessas, seja confiável e mantenha a confidencialidade quando apropriado. A confiança é a base de relacionamentos sólidos.

Mostre respeito mútuo: Trate os colegas e superiores com respeito e cortesia. Valorize suas opiniões e perspectivas, mesmo que sejam diferentes das suas.

Colabore de forma construtiva: Trabalhe em equipe e esteja disposto a ajudar os outros quando necessário. O trabalho em equipe fortalece os relacionamentos e melhora a comunicação.

Resolva conflitos de forma construtiva: Quando surgirem conflitos, aborde-os de maneira aberta e respeitosa. Busque soluções que sejam mutuamente satisfatórias.

Gerencie Conflitos de Forma Construtiva

Os conflitos inevitavelmente surgirão no ambiente de trabalho. Aprenda a gerenciá-los de maneira construtiva, abordando as preocupações de maneira aberta e respeitosa. A negociação e a busca de soluções colaborativas são ferramentas valiosas para lidar com conflitos.

Utilize a Comunicação Não Verbal

A comunicação não verbal desempenha um papel significativo na transmissão de informações e emoções. Esteja ciente da sua linguagem corporal, expressões faciais e tom de voz enquanto se comunica. São alguns pontos importantes:

Mantenha contato visual: Ao falar com alguém, faça contato visual para mostrar que você está envolvido na conversa e ouvindo com atenção.

Controle sua linguagem corporal: Evite gestos que possam ser interpretados como agressivos, como apontar o dedo. Em vez disso, use gestos abertos e amigáveis para enfatizar suas palavras.

Ajuste seu tom de voz: O tom de voz pode transmitir emoções. Tente combinar seu tom com a mensagem que você deseja transmitir. Evite um tom agressivo ou defensivo.

Esteja atento às expressões faciais: Suas expressões faciais podem revelar suas emoções. Tente manter uma expressão neutra ou amigável, dependendo do contexto.

Melhorar a comunicação no trabalho requer prática e conscientização contínuas. Quando você se esforça para ouvir ativamente, ser claro e assertivo, construir relacionamentos profissionais sólidos e gerenciar conflitos de maneira construtiva, pode criar um ambiente de trabalho mais saudável e produtivo para você e seus colegas de equipe.

ESTRATÉGIAS PARA DELEGAÇÃO DE TAREFAS

A delegação eficaz de tarefas é uma habilidade essencial para aliviar a pressão no trabalho e garantir que as responsabilidades sejam distribuídas de maneira justa. São estratégias para delegar tarefas de forma eficaz:

Avalie as Habilidades e Competências

Antes de delegar, avalie cuidadosamente as habilidades e competências dos membros da equipe. Entenda suas forças, fraquezas e experiência. Isso permite que você atribua tarefas de acordo com as habilidades adequadas, garantindo que a pessoa escolhida seja capaz de realizar a tarefa com sucesso.

Estabeleça Expectativas Claras

A clareza é fundamental para uma delegação bem-sucedida. Ao atribuir uma tarefa, certifique-se de definir expectativas claras. Descreva os objetivos específicos, prazos, padrões de desempenho e quaisquer recursos disponíveis. Quanto mais detalhadas forem suas instruções, menos espaço para ambiguidades e mal-entendidos.

Dê Autonomia e Confiança

Uma vez que você tenha atribuído uma tarefa, dê aos membros da equipe a autonomia necessária para realizá-la. Evite o micro gerenciamento. Confie em suas habilidades e permita que eles tomem decisões e resolvam desafios no processo. Isso não apenas alivia sua carga de trabalho, mas também promove o crescimento e a confiança da equipe.

Forneça Recursos e Apoio

Certifique-se de que os membros da equipe tenham acesso aos recursos necessários para concluir a tarefa com sucesso. Isso pode incluir informações, ferramentas, treinamento adicional ou suporte técnico. Esteja disponível para responder a perguntas e fornecer orientação sempre que necessário. Oferecer suporte demonstra seu compromisso com o sucesso da equipe.

Acompanhe e Apoie

Ao delegar uma tarefa, acompanhe o progresso regularmente. Esteja aberto a receber atualizações e perguntas dos membros da equipe. O acompanhamento não apenas ajuda a garantir que a tarefa esteja no caminho certo, mas também mostra seu interesse e apoio contínuo. Esteja disposto a oferecer assistência adicional, se necessário.

Reconheça e Recompense

O reconhecimento é uma poderosa ferramenta de motivação. Reconheça publicamente os esforços e resultados dos membros da equipe. Demonstre apreço por seu trabalho bem feito. As recompensas, sejam elas elogios, incentivos financeiros ou promoções, podem criar um ambiente de trabalho positivo e incentivador.

Avalie e Aprenda

Após a conclusão da tarefa, faça uma avaliação do processo de delegação. Identifique o que funcionou bem e o que poderia ser aprimorado. Cada experiência de delegação oferece lições valiosas. Aprender com os sucessos e desafios ajuda a aprimorar suas habilidades de gerenciamento e a melhorar a delegação no futuro.

Lidar com a pressão no trabalho exige um conjunto de habilidades que inclui a gestão do estresse, a comunicação eficaz e a delegação de tarefas. Ao desenvolver essas competências, você estará mais bem preparado para enfrentar os desafios do ambiente de trabalho e manter um equilíbrio saudável entre produtividade e bem-estar.

10

A MENTALIDADE PERFECCIONISTA

Desamarre as amarras da perfeição, é na imperfeição que encontramos a beleza autêntica da nossa jornada.

O perfeccionismo é uma mentalidade que muitas vezes leva a uma pressão insuportável no trabalho e na vida pessoal. A busca implacável pela perfeição pode prejudicar sua saúde mental e emocional, bem como sua produtividade. Neste capítulo, exploraremos maneiras de superar o perfeccionismo e aliviar a pressão que ele pode gerar.

ENTENDENDO O PERFECCIONISMO

O perfeccionismo é a busca implacável da perfeição ou da realização de padrões impossivelmente elevados. Embora seja importante ter padrões de qualidade e se esforçar para alcançar metas, o perfeccionismo leva isso a um extremo prejudicial. Alguns traços comuns do perfeccionismo incluem:

Estabelecimento de Padrões Irrealisticamente Altos

O perfeccionista tende a criar padrões que são praticamente impossíveis de alcançar. Eles buscam a perfeição em todas as áreas de suas vidas, seja no trabalho, nos relacionamentos ou em suas próprias realizações pessoais.

Isso cria uma pressão constante para atingir um nível quase inatingível de excelência.

Essa busca incessante pela perfeição pode levar ao esgotamento, à exaustão e ao sentimento de fracasso contínuo, já que é quase impossível alcançar padrões tão elevados em todos os aspectos da vida.

Autocrítica Excessiva

Os perfeccionistas tendem a ser seus críticos mais severos. Eles não apenas estabelecem padrões altos, mas também se autoavaliam de maneira crítica e implacável. Qualquer erro ou imperfeição é frequentemente tratado com autocrítica severa e julgamento negativo.

A autocrítica excessiva pode minar a autoestima e a autoconfiança, levando a sentimentos de inadequação e ansiedade constante. Isso pode afetar negativamente a saúde mental e emocional.

Procrastinação

O medo de não conseguir atender aos padrões perfeccionistas pode paralisar os perfeccionistas, levando à procrastinação. Eles podem adiar tarefas porque têm medo de não serem capazes de realizá-las com perfeição.

A procrastinação pode levar a prazos perdidos, aumento do estresse e diminuição da produtividade. Isso também reforça a ideia de que a perfeição é a única opção aceitável.

Stress e Ansiedade

O perfeccionismo está fortemente ligado ao estresse e à ansiedade. A pressão constante para ser perfeito, o medo de cometer erros e a autocrítica implacável são todos fatores que contribuem para altos níveis de estresse.

O estresse crônico pode levar a uma série de problemas de saúde, incluindo ansiedade, depressão, insônia e esgotamento profissional. Esses problemas afetam a qualidade de vida e o bem-estar geral.

Entender esses aspectos do perfeccionismo é fundamental para começar a superá-lo. Reconhecer que a perfeição é inatingível e que os efeitos prejudiciais do perfeccionismo podem ser evitados é o primeiro passo para desenvolver uma mentalidade mais saudável e aliviar a pressão constante.

SUPERANDO O PERFECCIONISMO

Superar o perfeccionismo é uma jornada desafiadora, mas essencial para aliviar a pressão no trabalho e na vida pessoal. São estratégias eficazes para ajudar a mudar essa mentalidade:

Defina Metas Realistas

Em vez de estabelecer padrões impossivelmente altos, é fundamental definir metas realistas e alcançáveis. Reconheça que a perfeição não é algo que pode ser consistentemente alcançado. Em vez disso, concentre-se em fazer o seu melhor e aceite que os erros são uma parte natural do processo.

Definir metas realistas reduzirá a pressão sobre si mesmo, permitindo que você se concentre no progresso e no aprendizado, em vez de perseguir a perfeição inatingível.

Pratique a Aceitação

Aprender a aceitar suas próprias imperfeições e erros é fundamental para superar o perfeccionismo. Reconheça que todos cometem erros e que essas falhas não definem sua autoestima ou valor como pessoa.

A aceitação pessoal reduzirá a autocrítica excessiva e aumentará a autoestima, promovendo um maior bem-estar emocional.

Mude Seu Diálogo Interno

Esteja ciente de seu diálogo interno e trabalhe para substituir pensamentos negativos e autocríticos por pensamentos mais realistas e positivos. Quando se pegar pensando em termos de tudo ou nada (ou seja, perfeição ou fracasso), desafie essas crenças rígidas.

Mudar seu diálogo interno ajudará a melhorar sua autoimagem e a reduzir os sentimentos de inadequação.

Celebre o Progresso

Em vez de se concentrar exclusivamente no resultado final, aprenda a celebrar os pequenos progressos ao longo do caminho. Reconheça e valorize seus esforços, independentemente do resultado final.

Celebrar o progresso mantém você motivado, incentiva uma mentalidade de crescimento e reduz a pressão para ser perfeito.

Estabeleça Limites

Defina limites claros para si mesmo em relação ao tempo e à energia que você investe em uma tarefa. Reconheça quando é hora de seguir em frente, mesmo que o trabalho não seja perfeito. Entenda que a busca incessante pela perfeição pode ser prejudicial à sua saúde e bem-estar.

Estabelecer limites ajuda a evitar o esgotamento e a manter um equilíbrio saudável entre o trabalho e a vida pessoal.

Peça Apoio

Se o perfeccionismo estiver prejudicando sua saúde mental, produtividade ou qualidade de vida, não hesite em procurar apoio profissional. Um terapeuta, coach ou psicólogo pode ajudá-lo a desenvolver uma mentalidade mais saudável e fornecer estratégias personalizadas para superar o perfeccionismo.

O apoio profissional pode ser uma parte vital do processo de superação do perfeccionismo, proporcionando orientação especializada e apoio emocional.

Superar o perfeccionismo é um processo contínuo que exige autoconsciência e esforço constante. Lembre-se de que ninguém é perfeito, e a busca pela excelência deve ser equilibrada com a aceitação de nossas próprias imperfeições. Ao implementar essas estratégias, você estará no caminho certo para desenvolver uma mentalidade mais saudável e aliviar a pressão do perfeccionismo em sua vida.

ACEITANDO OS LIMITES PESSOAIS

Aceitar seus próprios limites pessoais é uma parte fundamental de aliviar a pressão no trabalho e na vida pessoal. Muitas vezes, tentamos fazer demais e empurramos nossos limites até o esgotamento. Neste capítulo, exploraremos a importância de reconhecer e respeitar seus próprios limites pessoais. Aceitar seus próprios limites pessoais é essencial por várias razões:

Prevenção do Esgotamento

Ignorar seus limites pode levar ao esgotamento físico e emocional. Quando você constantemente ultrapassa seus limites, sua energia é esgotada, e isso pode resultar em fadiga extrema, exaustão emocional e até problemas de saúde graves. Respeitar seus limites é essencial para manter seu bem-estar físico e emocional a longo prazo.

Evitar o esgotamento ajuda a manter sua saúde e vitalidade, permitindo que você seja mais produtivo e resiliente.

Melhor Qualidade de Trabalho

Quando você trabalha dentro de seus limites, é mais provável que produza um trabalho de alta qualidade. Empurrar-se além de seus limites pode resultar em erros, diminuição da eficiência e qualidade de trabalho comprometida. Ao aceitar seus limites, você pode se concentrar em realizar tarefas com excelência.

Isso aumenta sua eficácia e reputação profissional, pois você entrega resultados consistentes e de alta qualidade.

Saúde Mental e Emocional

Aceitar limites pessoais é crucial para sua saúde mental e emocional. Isso ajuda a reduzir o estresse, a ansiedade e a pressão constante de realizar mais do que é possível. Cuidar de sua saúde mental é uma parte fundamental do autocuidado e pode levar a uma sensação geral de bem-estar.

Melhor saúde mental e emocional resulta em maior felicidade, estabilidade emocional e capacidade de lidar com desafios de maneira mais eficaz.

Equilíbrio Entre Trabalho e Vida Pessoal

Reconhecer seus limites pessoais também é essencial para criar um equilíbrio saudável entre trabalho e vida pessoal. Isso permite que você dedique tempo e energia para cuidar de si mesmo, de seus relacionamentos e de atividades de lazer. Um equilíbrio saudável contribui para uma vida mais gratificante e significativa.

O equilíbrio entre trabalho e vida pessoal melhora sua qualidade de vida, fortalece relacionamentos e ajuda a evitar o esgotamento profissional.

Aceitar seus limites pessoais não é uma demonstração de fraqueza, mas sim de autocompaixão e autoconhecimento. Reconhecer quando é hora de descansar, definir limites em suas responsabilidades e dizer "não" quando necessário são práticas que promovem um bem-estar duradouro e ajudam você a enfrentar os desafios da vida com maior resiliência.

DESENVOLVENDO RESILIÊNCIA

A resiliência é a capacidade de lidar com adversidades, superar desafios e se recuperar de situações difíceis. Desenvolver resiliência é fundamental para aliviar a pressão no trabalho e na vida pessoal. São razões pelas quais a resiliência é fundamental:

Lidar com a Mudança

A vida está em constante evolução, e a resiliência é a capacidade de se adaptar a essas mudanças de maneira positiva. No ambiente de trabalho, onde a mudança é inevitável, a resiliência ajuda a lidar com reestruturações, mudanças de liderança e transformações organizacionais de maneira mais tranquila. Isso ocorre porque pessoas resilientes veem a mudança como uma oportunidade de crescimento e aprendizado, em vez de uma ameaça.

A capacidade de se adaptar à mudança promove a agilidade e a capacidade de prosperar em ambientes dinâmicos.

Reduz o Estresse

A resiliência tem um impacto significativo na redução do estresse. Pessoas resilientes são capazes de lidar com a pressão e o estresse de maneira mais eficaz, o que resulta em níveis mais baixos de ansiedade e depressão. A resiliência fornece ferramentas para enfrentar desafios sem serem sobrecarregados emocionalmente.

Reduzir o estresse ajuda a manter a saúde mental e física, melhorando o bem-estar geral.

Aumenta a Autoestima

A superação de desafios e adversidades pode aumentar a autoestima e a autoconfiança. Quando você enfrenta situações difíceis e as supera, ganha uma sensação de realização que melhora sua imagem pessoal. A autoestima fortalecida é uma base sólida para lidar com futuros desafios.

Uma autoestima saudável contribui para uma autoimagem positiva e resiliência contínua.

Melhora as Relações Pessoais

A resiliência também tem um impacto positivo em seus relacionamentos pessoais e profissionais. Pessoas resilientes são mais propensas a lidar com conflitos de maneira construtiva, a manter relacionamentos saudáveis e a serem apoiadoras de suas redes sociais. Isso ocorre porque a resiliência ensina a importância da empatia e da comunicação eficaz.

Relacionamentos saudáveis contribuem para um sistema de apoio eficaz em tempos de dificuldade.

Promove a Saúde Mental

A resiliência desempenha um papel crucial na promoção da saúde mental. Ela ajuda a prevenir o esgotamento profissional e a enfrentar problemas de saúde mental, como ansiedade e depressão. Pessoas resilientes têm uma capacidade maior de enfrentar adversidades sem que isso afete negativamente sua saúde mental.

Mudar a mentalidade é um processo contínuo que envolve autocompreensão, autocompaixão e desenvolvimento de habilidades emocionais. Superar o perfeccionismo, aceitar seus limites pessoais e desenvolver resiliência são passos importantes para cultivar uma mentalidade mais saudável e enfrentar os desafios da vida com confiança e determinação. Lembre-se de que desenvolver uma mentalidade mais positiva e resiliente é um investimento em seu próprio bem-estar e felicidade.

11

BUSCANDO APOIO PROFISSIONAL

Pedir ajuda é como estender a mão para a luz quando se está no escuro. Permita-se ser guiado de volta à luz.

No caminho do autocuidado, muitas vezes enfrentamos obstáculos que vão além das estratégias e técnicas que podemos aplicar por conta própria. Nestes momentos, buscar apoio profissional pode ser a chave para superar desafios, desenvolver novas habilidades e melhorar nosso bem-estar geral. Neste capítulo, exploraremos três formas importantes de apoio profissional: terapia e aconselhamento, coaching de carreira e a importância de construir e manter uma rede de apoio social sólida.

TERAPIA E ACONSELHAMENTO

A terapia e o aconselhamento são recursos valiosos para lidar com uma ampla gama de questões emocionais, psicológicas e comportamentais. Estes profissionais altamente treinados oferecem suporte especializado e orientação para ajudar as pessoas a entenderem suas emoções, pensamentos e comportamentos, e a desenvolverem estratégias para enfrentar desafios e melhorar sua saúde mental e emocional. Aqui, exploraremos mais sobre terapia e aconselhamento, incluindo os tipos comuns e os benefícios que podem oferecer.

Tipos Comuns de Terapia e Aconselhamento

Psicoterapia Cognitivo-Comportamental (TCC): A TCC é uma das abordagens terapêuticas mais comuns e eficazes. Ela se concentra em identificar e mudar padrões de pensamento negativos ou disfuncionais que podem levar a emoções negativas e comportamentos problemáticos. A TCC ajuda os indivíduos a desenvolver habilidades para reestruturar seus pensamentos e aprender estratégias de enfrentamento saudáveis.

Terapia psicodinâmica: A terapia psicodinâmica é uma abordagem que explora as influências do inconsciente na mente e no comportamento. Ela se baseia na crença de que nossos pensamentos, sentimentos e comportamentos são moldados por experiências passadas e relações interpessoais, muitas vezes não plenamente conscientes. Terapeutas psicodinâmicos trabalham com os clientes para explorar essas influências profundas e ajudá-los a ganhar uma compreensão mais profunda de si mesmos.

Terapia humanista: A terapia humanista coloca ênfase na autoconsciência e no crescimento pessoal. Os terapeutas humanistas criam um ambiente de apoio e empático, encorajando os pacientes a explorar seus sentimentos e valores, visando alcançar seu potencial máximo.

Terapia de Aceitação e Compromisso (ACT): A Terapia de Aceitação e Compromisso (ACT) é uma abordagem terapêutica que se concentra na aceitação de pensamentos e sentimentos difíceis em vez de tentar suprimi-los ou evitá-los. A ACT também enfatiza a identificação de valores pessoais e a criação de metas alinhadas com esses valores. Ela é particularmente útil para ajudar as pessoas a desenvolverem uma relação mais saudável com suas emoções e pensamentos, promovendo uma vida significativa e satisfatória.

Terapia de casal e familiar: A terapia de casal e familiar é uma forma de terapia que visa melhorar os relacionamentos interpessoais, seja entre parceiros românticos, entre membros de uma família ou entre outros grupos relacionados. Terapeutas de casal e família trabalham com os envolvidos para identificar conflitos, melhorar a comunicação e fortalecer os laços interpessoais.

Benefícios da Terapia e Aconselhamento

A terapia e o aconselhamento oferecem uma série de benefícios significativos para o bem-estar emocional e psicológico das pessoas:

Melhoria da saúde mental: A terapia e o aconselhamento são eficazes no tratamento de uma variedade de questões de saúde mental, incluindo transtornos de ansiedade, depressão, transtorno de estresse pós-traumático (TEPT), entre outros. Profissionais especializados podem oferecer suporte personalizado e estratégias de enfrentamento.

Desenvolvimento de habilidades de enfrentamento: Terapeutas ajudam os indivíduos a desenvolver habilidades de enfrentamento saudáveis para lidar com o estresse, a pressão e os desafios da vida. Isso pode incluir aprender a gerenciar a ansiedade, controlar o estresse e melhorar a autorregulação emocional.

Aprimoramento de relacionamentos: A terapia de casal e familiar pode melhorar a comunicação e os relacionamentos interpessoais, fortalecendo laços familiares e relacionamentos românticos. Aprender a lidar com conflitos de maneira construtiva é um aspecto importante desse processo.

Apoio para tomada de decisões: Terapeutas podem fornecer uma perspectiva objetiva e orientação valiosa para tomar decisões importantes na vida pessoal e profissional. Isso ajuda os clientes a considerar diferentes perspectivas e tomar decisões informadas.

Autoconhecimento: A terapia promove o autoconhecimento, permitindo que os indivíduos entendam melhor suas emoções, valores e metas pessoais. Isso pode levar a uma maior clareza sobre a direção que desejam seguir na vida.

Redução de comportamentos destrutivos: Terapeutas podem ajudar na redução de comportamentos autodestrutivos, como abuso de substâncias ou automutilação, fornecendo estratégias alternativas e suporte emocional.

A terapia e o aconselhamento desempenham um papel fundamental no apoio ao bem-estar emocional e psicológico. Com uma variedade de abordagens terapêuticas disponíveis, as pessoas podem encontrar o tipo de terapia que melhor se adapta às suas necessidades individuais. A busca por ajuda profissional não apenas pode aliviar o sofrimento emocional, mas também pode ajudar as pessoas a desenvolver habilidades de enfrentamento, aprimorar relacionamentos e tomar decisões informadas, promovendo uma vida mais equilibrada e saudável. Se você ou alguém que você conhece está enfrentando desafios emocionais ou psicológicos, considerar a terapia ou o aconselhamento pode ser o primeiro passo em direção a um caminho mais saudável e feliz.

COACHING DE CARREIRA

O coaching de carreira é um processo que visa ajudar as pessoas a identificar e alcançar metas profissionais. Um coach de carreira fornece orientação, apoio e feedback para ajudar os clientes a desenvolverem planos de carreira, melhorarem habilidades profissionais e superarem obstáculos profissionais. Esta forma de apoio profissional é especialmente relevante para aliviar a pressão relacionada ao trabalho, lidar com transições de carreira e alcançar objetivos profissionais. Vamos explorar mais sobre o coaching de carreira, seus benefícios e como encontrar um coach adequado.

Benefícios do Coaching de Carreira

Definição de metas claras: Um dos principais benefícios do coaching de carreira é a capacidade de estabelecer metas profissionais claras e alcançáveis. Muitas vezes, as pessoas podem se sentir perdidas ou sobrecarregadas em suas carreiras, e um coach ajuda a traçar um plano de ação estruturado para atingir esses objetivos. Isso proporciona clareza e direção, criando um senso de propósito no trabalho.

Desenvolvimento de habilidades: Os coaches de carreira auxiliam os clientes na identificação de lacunas em suas habilidades e competências profissionais. Com essa orientação especializada, os clientes podem desenvolver as habilidades necessárias para avançar em suas carreiras. Isso pode envolver aprimorar habilidades de comunicação, liderança, gestão de tempo e muito mais.

Apoio na tomada de decisões: Tomar decisões de carreira importantes, como mudar de emprego, explorar novas oportunidades ou buscar um caminho totalmente diferente, pode ser desafiador. Um coach de carreira fornece suporte durante esses momentos críticos, ajudando os clientes a considerar todas as opções disponíveis, ponderar prós e contras e tomar decisões informadas.

Melhoria da comunicação e liderança: Para aqueles que buscam crescimento na carreira, o coaching de carreira pode ser especialmente valioso. Os coaches podem trabalhar com os clientes para aprimorar suas habilidades de comunicação, habilidades de liderança e estratégias de gestão. Isso é essencial para progredir em cargos de liderança ou para melhorar o desempenho no trabalho.

Aumento da motivação e produtividade: O coaching de carreira ajuda a aumentar a motivação e a produtividade no trabalho. Ao focar nas metas estabelecidas e no desenvolvimento de planos de ação tangíveis, os clientes são mais propensos a manter a motivação e superar a procrastinação. A sensação de realização ao atingir essas metas impulsiona a produtividade.

Transição de carreira bem-sucedida: Durante períodos de transição de carreira, como mudanças de emprego, reorientação profissional ou aposentadoria, um coach de carreira pode ser um guia valioso. Eles ajudam os clientes a navegar pelas mudanças, explorar novas oportunidades e desenvolver um plano de ação para uma transição bem-sucedida. Esse apoio é crucial para minimizar o estresse e a incerteza associados à mudança de carreira.

Encontrando um Coach de Carreira

Encontrar um coach de carreira qualificado é essencial para obter os benefícios do coaching. Aqui estão algumas etapas para ajudá-lo a encontrar o coach certo:

Pesquise: Comece pesquisando coaches de carreira com experiência sólida e credenciais reconhecidas. Consulte avaliações online, peça recomendações de colegas de trabalho ou amigos e explore o site ou portfólio online do coach em potencial.

Entreviste: Agende uma conversa inicial com o coach que você está considerando. Isso lhe dará a oportunidade de discutir suas metas e necessidades, além de avaliar a compatibilidade. A química entre você e o coach é fundamental para uma parceria eficaz.

Verifique credenciais: Certifique-se de que o coach de carreira tenha as credenciais apropriadas, como certificações de coaching reconhecidas por organizações respeitadas. Isso garante que o coach tenha recebido treinamento adequado e segue padrões éticos.

Estabeleça metas claras: Trabalhe em conjunto com o coach para estabelecer metas claras e mensuráveis. Discuta como o progresso será avaliado e quais etapas serão seguidas para alcançar essas metas.

Avalie a química: A relação entre você e seu coach de carreira é essencial para o sucesso do processo. Certifique-se de se sentir à vontade para compartilhar seus pensamentos, desafios e expectativas. A confiança e a empatia mútua são fundamentais para uma colaboração eficaz.

Encontrar o coach de carreira certo pode ser um investimento valioso em seu desenvolvimento profissional. Com orientação personalizada e apoio, você estará bem equipado para enfrentar desafios profissionais, alcançar suas metas e, em última análise, progredir em sua carreira de maneira significativa. Lembre-se de que o coaching de carreira não apenas pode ajudar você a avançar em sua trajetória profissional, mas também a encontrar satisfação e realização em seu trabalho.

REDE DE APOIO SOCIAL

Além do apoio profissional, construir e manter uma rede de apoio social sólida desempenha um papel vital em nossa capacidade de aliviar a pressão e lidar com desafios na vida pessoal e profissional. Nossas conexões sociais desempenham um papel importante em nossa saúde mental e emocional, proporcionando um sistema de apoio durante momentos difíceis.

Importância da Rede de Apoio Social

Suporte emocional: Uma rede de apoio social oferece suporte emocional, permitindo que você compartilhe preocupações, medos e alegrias com pessoas que se importam. Ter alguém com quem conversar e desabafar pode ser extremamente reconfortante.

Redução do isolamento: Manter conexões sociais ajuda a reduzir o isolamento e a solidão, fatores que podem contribuir para o estresse e a depressão. Saber que você tem amigos e familiares em quem confiar pode fornecer um senso de pertencimento.

Apoio prático: Além do suporte emocional, sua rede de apoio também pode oferecer ajuda prática em momentos de necessidade. Isso pode incluir auxílio com tarefas do dia a dia, como cuidar de filhos, ou mesmo assistência em situações de emergência.

Compartilhamento de experiências: Trocar experiências com amigos, familiares e colegas pode fornecer perspectivas valiosas e soluções para desafios comuns. Através dessas interações, você pode aprender com as experiências dos outros e também compartilhar suas próprias.

Promoção da saúde mental: Relações sociais positivas contribuem para a saúde mental e emocional, promovendo um senso de pertencimento e significado. O apoio e a compreensão de sua rede de apoio podem ajudar a enfrentar melhor o estresse e os desafios da vida.

Cultivando Relações Saudáveis

Para cultivar e manter uma rede de apoio social saudável, é importante considerar as seguintes informações:

Seja proativo: Inicie e mantenha o contato com amigos e familiares. Não espere que eles sempre tomem a iniciativa. Um simples telefonema, mensagem ou encontro para tomar um café pode fortalecer os laços.

Demonstre empatia: Esteja presente para os outros. Ouça atentamente quando alguém estiver compartilhando seus pensamentos e preocupações. Mostre empatia genuína, pois isso fortalece os relacionamentos.

Participe de comunidades: Junte-se a grupos, clubes ou organizações que compartilhem seus interesses e valores. Isso pode ser uma ótima maneira de conhecer novas pessoas e expandir sua rede de apoio.

Estabeleça limites saudáveis: Mantenha um equilíbrio saudável entre suas necessidades e o apoio que você oferece aos outros. É importante cuidar de si mesmo para ser capaz de apoiar os outros de maneira eficaz.

Seja grato: Reconheça e agradeça às pessoas em sua rede de apoio. Expressar apreço pelo suporte que você recebe fortalece os laços e incentiva a continuação desse apoio.

Resolva conflitos de forma construtiva: Conflitos podem surgir em relacionamentos. Aborde-os de maneira construtiva, buscando soluções em vez de culpar. A resolução de conflitos pode fortalecer os relacionamentos em vez de enfraquecê-los.

Terapia e aconselhamento, coaching de carreira e uma rede de apoio social sólida são pilares essenciais para aliviar a pressão, enfrentar desafios e melhorar o bem-estar geral. Cada uma dessas formas de apoio profissional oferece benefícios únicos e pode desempenhar um papel significativo em nossa jornada de autocuidado. Saber quando buscar apoio profissional e como cultivar relacionamentos saudáveis em nossa rede de apoio social é uma parte importante do caminho para uma vida equilibrada e saudável.

12

RECUPERANDO-SE DO BURNOUT

Como a fênix, renascemos das cinzas do burnout, mais fortes e determinados do que nunca.

O burnout é um estado de esgotamento físico e mental causado pelo estresse crônico no trabalho. Muitas vezes, ele pode se espalhar para outras áreas da vida, afetando o bem-estar global de uma pessoa. A recuperação do burnout é um processo que requer tempo, autocompaixão e estratégias eficazes. Neste capítulo, exploraremos como estabelecer metas realistas, a importância de celebrar pequenas conquistas e como reconstruir a vida após o burnout.

ESTABELECENDO METAS REALISTAS

Uma das principais lições que o burnout ensina é a importância de definir metas realistas. Quando uma pessoa se esforça para atender a padrões impossivelmente altos e se envolve em um ciclo interminável de autoexigência, é provável que o burnout se desenvolva. Portanto, estabelecer metas realistas é uma parte fundamental da recuperação. Aqui estão algumas estratégias para ajudar nesse processo:

Autoavaliação

A autoavaliação é um ponto de partida crucial para definir metas realistas. Envolve uma profunda reflexão sobre si mesmo, suas habilidades, limitações e valores pessoais. São maneiras de realizar uma autoavaliação eficaz:

Autoconhecimento: Tente entender melhor quem você é, quais são seus pontos fortes e fracos, bem como suas paixões e interesses. Isso pode ajudá-lo a alinhar suas metas com sua identidade.

Avaliação de habilidades: Avalie suas habilidades e competências. Isso pode incluir habilidades profissionais, habilidades de comunicação, habilidades emocionais e qualquer outra área relevante. Considere como essas habilidades podem ser aplicadas em direção às suas metas.

Identificação de valores: Pergunte a si mesmo quais são seus valores mais profundos. Por exemplo, você valoriza a família, a saúde, a realização profissional, a criatividade ou outras áreas da vida? Definir metas que estejam alinhadas com seus valores pessoais é fundamental para encontrar significado e motivação.

Priorização

Depois de realizar uma autoavaliação, é importante priorizar suas metas. Isso envolve a identificação das metas que são mais significativas e que podem ser alcançadas a curto e médio prazo. A priorização ajuda a evitar a sobrecarga e o estresse desnecessários que podem contribuir para o burnout. Algumas dicas para priorização incluem:

Hierarquização: Liste suas metas em ordem de importância. Você pode usar critérios como significado pessoal, urgência e impacto na sua vida para classificá-las.

Foco em metas realistas: Concentre-se nas metas que são realistas e alcançáveis no momento. Evite sobrecarregar-se com objetivos excessivamente ambiciosos.

Eliminação de metas não essenciais: Às vezes, é necessário eliminar ou adiar metas que não são fundamentais no momento. Isso permite que você concentre sua energia nas metas mais importantes.

Definição de Metas SMART

As metas SMART são uma abordagem eficaz para estabelecer metas realistas e alcançáveis. Cada letra do acrônimo SMART representa um aspecto importante na definição de metas:

Específicas (*Specific*): Suas metas devem ser claras e específicas. Quanto mais específicas forem suas metas, mais fácil será visualizar o que você deseja alcançar. Isso ajuda a evitar metas vagas e difíceis de medir.

Mensuráveis (*Measurable*): Defina critérios mensuráveis para avaliar o progresso em direção às metas. Pergunte a si mesmo como você saberá quando alcançou a meta. Isso torna o progresso tangível e permite ajustes quando necessário.

Alcançáveis (*Achievable*): Certifique-se de que suas metas sejam alcançáveis com os recursos e o tempo disponíveis. Isso não significa que você não possa ter metas desafiadoras, mas elas devem ser realistas dentro do contexto da sua vida atual.

Relevantes (*Relevant*): Suas metas devem ser relevantes para seus valores pessoais e objetivos gerais. Certifique-se de que elas tenham significado pessoal e estejam alinhadas com o que você valoriza.

Temporizáveis (*Time-bound*): Defina prazos para suas metas. Isso cria um senso de urgência e ajuda a manter o foco. Estabelecer prazos pode evitar a procrastinação e manter seu progresso no caminho certo.

Flexibilidade

A flexibilidade é fundamental quando se trata de estabelecer metas realistas. A vida é imprevisível, e podem surgir obstáculos inesperados. É importante estar disposto a ajustar suas metas e prazos conforme necessário, sem se sentir derrotado por isso. A flexibilidade permite uma abordagem mais adaptativa e resiliente para alcançar suas metas.

Apoio

Compartilhar suas metas com amigos, familiares ou profissionais de saúde mental pode fornecer incentivo e responsabilidade. Ter um sistema de apoio ajuda a mantê-lo comprometido com suas metas realistas. Essas pessoas podem oferecer apoio emocional, orientação e até mesmo ajudá-lo a superar desafios que possam surgir no caminho.

Pequenos Passos

Dividir suas metas em passos menores e mais gerenciáveis é uma estratégia eficaz para evitar a sobrecarga e manter a motivação. Cada pequeno passo concluído o aproxima do objetivo final e permite que você celebre conquistas ao longo do caminho. Isso também torna o processo de alcance de metas mais tangível e menos intimidante.

Estabelecer metas realistas não significa que você está diminuindo suas ambições. Pelo contrário, significa que você está criando uma base sólida para alcançar suas metas de forma mais eficaz e saudável, reduzindo o risco de burnout. O processo de definição de metas realistas é uma ferramenta valiosa para encontrar equilíbrio e satisfação em sua vida pessoal e profissional.

A IMPORTÂNCIA DE CELEBRAR PEQUENAS CONQUISTAS

A recuperação do burnout é um processo desafiador que requer paciência, autocuidado e resiliência. Durante essa jornada, a importância de celebrar pequenas conquistas não pode ser subestimada. São razões pelas quais isso é importante:

Motivação

A celebração de conquistas cria um senso de motivação e recompensa. Quando você reconhece e celebra suas realizações, por menores que sejam, isso lhe dá um impulso de energia e incentivo. Você se sente mais disposto a continuar trabalhando em direção às suas metas e objetivos. A motivação resultante pode ser um fator poderoso para manter o foco e a determinação ao enfrentar os desafios do burnout.

Reforço Positivo

O reconhecimento de conquistas funciona como um reforço positivo. Esse processo psicológico significa que, quando você é recompensado ou elogiado por um comportamento ou ação, é mais provável que repita esse comportamento. Ao celebrar suas pequenas conquistas, você está reforçando positivamente as ações que o levaram a esses sucessos. Isso cria um ciclo de crescimento e melhoria contínua, fortalecendo sua resiliência.

Redução do Estresse

O burnout está frequentemente associado a altos níveis de estresse. A celebração de conquistas ajuda a aliviar parte desse estresse. Quando você reconhece seu próprio progresso, mesmo que seja gradual, isso proporciona uma sensação de alívio e diminui a pressão que você pode sentir. O alívio do estresse é vital para sua saúde mental e física, permitindo que você se recupere de maneira mais eficaz.

Autoestima e Autoconfiança

O burnout pode prejudicar a autoestima e a autoconfiança. Quando você celebra suas conquistas, por menores que sejam, está reconstruindo esses aspectos essenciais de sua vida. Cada comemoração é uma confirmação de sua capacidade e competência. À medida que você acumula essas pequenas vitórias, sua autoestima e autoconfiança crescem, tornando-o mais resiliente e preparado para enfrentar os desafios futuros.

Manutenção do Equilíbrio

Celebrar conquistas ajuda a manter um equilíbrio saudável entre o trabalho e a vida pessoal. Em um estado de burnout, é comum que as pessoas se concentrem excessivamente no trabalho e negligenciem outros aspectos de suas vidas. Ao comemorar as alegrias e sucessos da vida, você reforça a importância de cuidar de si mesmo e de encontrar equilíbrio entre suas responsabilidades profissionais e pessoais. Esse equilíbrio é essencial para prevenir futuros episódios de burnout.

Resiliência

A celebração de pequenas conquistas desempenha um papel fundamental na construção da resiliência. A resiliência é a capacidade de lidar com desafios e superar adversidades. Ao reconhecer e comemorar suas vitórias, você está fortalecendo sua resiliência. Cada celebração é um lembrete de que você é capaz de superar obstáculos e seguir em frente, mesmo nos momentos mais difíceis. A resiliência é uma qualidade valiosa para enfrentar futuros desafios com confiança e determinação.

Conscientize-se de que cada pequena conquista o leva um passo mais perto da recuperação total do burnout. Celebre esses passos com alegria e gratidão, pois eles são fundamentais para o seu bem-estar emocional e mental. Não subestime o poder da celebração em sua jornada de cura e crescimento.

RECONSTRUINDO A VIDA APÓS O BURNOUT

A reconstrução da vida após o burnout é um processo que exige autocompaixão, paciência e determinação. O burnout pode ter impactos significativos em várias áreas da vida, incluindo o trabalho, relacionamentos e saúde mental. São estratégias para ajudá-lo a reconstruir sua vida após o burnout:

Autocuidado Prioritário

O primeiro passo para a reconstrução após o burnout é tornar o autocuidado uma prioridade. Isso inclui cuidar de sua saúde física, mental e emocional. Considere as seguintes práticas:

Rotina de sono adequada: Mantenha uma rotina de sono consistente, priorizando um sono de qualidade. O sono adequado é essencial para a recuperação.

Alimentação saudável: Nutrir seu corpo com alimentos saudáveis e balanceados é fundamental para sua energia e bem-estar geral.

Atividade física regular: A atividade física regular não apenas beneficia sua saúde física, mas também contribui para a saúde mental, reduzindo o estresse e aumentando a energia.

Gerenciamento do estresse: Aprenda técnicas de gerenciamento de estresse, como meditação, ioga ou mindfulness, para ajudar a manter a calma em momentos de pressão.

Estabeleça Limites

A sobrecarga de trabalho e compromissos excessivos muitas vezes levam ao burnout. Aprenda a estabelecer limites saudáveis em todas as áreas de sua vida:

Dizer não quando necessário: Não tenha medo de recusar solicitações que estejam além de sua capacidade. Dizer não é uma habilidade importante para proteger seu bem-estar.

Proteja seu tempo e energia: Evite se comprometer demais e proteja seu tempo e energia. Reserve tempo para recarregar e relaxar.

Evite sobrecarregar-se novamente: Esteja ciente dos sinais de alerta de sobrecarga e evite repetir os padrões que levaram ao burnout.

Aprendizado e Crescimento

A reconstrução após o burnout também envolve oportunidades de aprendizado e crescimento pessoal:

Aquisição de novas habilidades: Considere adquirir novas habilidades que possam ajudá-lo em sua vida pessoal e profissional. Isso pode aumentar sua confiança e abrir novas oportunidades.

Retome interesses e hobbies: Volte a se envolver em interesses ou hobbies que tenham sido deixados de lado durante o período de burnout. Essas atividades podem trazer alegria e satisfação à sua vida.

Exploração de paixões: Se possível, explore novas paixões e interesses. Isso pode trazer uma sensação renovada de propósito e significado.

Busque Apoio Profissional

Um terapeuta, psicólogo ou coach de vida pode ser uma fonte inestimável de apoio durante o processo de reconstrução:

Ajuda com desafios emocionais: Profissionais de saúde mental podem ajudá-lo a lidar com os desafios emocionais que podem surgir após o burnout, como ansiedade, depressão ou trauma.

Definir metas e plano de ação: Um coach de vida pode ajudá-lo a definir metas realistas e criar um plano de ação para alcançá-las, fornecendo orientação e responsabilidade.

Reavalie Suas Prioridades

Use a experiência do burnout como uma oportunidade para reavaliar suas prioridades na vida. Pergunte a si mesmo o que é verdadeiramente importante para você e o que você deseja alcançar.

Abrace o Equilíbrio

Trabalhe na criação de um equilíbrio saudável entre o trabalho e a vida pessoal. Defina limites claros em relação ao tempo que você dedica ao trabalho e reserve tempo para o lazer, relaxamento e conexão com entes queridos.

Seja Paciente Consigo Mesmo

A recuperação do burnout é um processo contínuo e pode levar tempo. Esteja preparado para enfrentar desafios ao longo do caminho e lembre-se de ser paciente e gentil consigo mesmo. Não se pressione a recuperar rapidamente; dê a si mesmo o tempo necessário para se curar completamente.

Pratique a Gratidão

Cultive uma prática de gratidão. Reconheça e aprecie as coisas boas da vida, mesmo as pequenas. Isso pode ajudar a criar um estado mental mais positivo e contribuir para sua recuperação emocional.

Encontre Significado

Busque significado e propósito em sua vida. Isso pode envolver o envolvimento em atividades voluntárias, ajudar os outros ou dedicar-se a um trabalho ou causa que seja significativo para você.

Avalie Seu Ambiente de Trabalho

Se o burnout foi desencadeado pelo ambiente de trabalho, considere avaliar se é hora de fazer mudanças nessa área. Isso pode envolver a busca de um ambiente de trabalho mais saudável ou a consideração de opções de carreira alternativas.

Entenda que a recuperação do burnout é um processo individual, e cada pessoa o percorrerá de maneira única. Esteja disposto a fazer as mudanças necessárias para reconstruir sua vida com base no que é mais significativo e saudável para você. A recuperação do burnout é uma oportunidade para redescobrir a alegria, o equilíbrio e a satisfação na vida, e você merece esse renascimento.

CONCLUSÃO

À medida que chegamos ao final de "Derrotando o Burnout," é importante refletir sobre a trilha que percorremos juntos. Nossa exploração sobre o burnout, suas causas, sinais, estratégias de prevenção e recuperação nos levou por um caminho de autoconhecimento e transformação.

O burnout não é uma sentença perpétua, mas sim um desafio que pode ser superado. É crucial compreender que o burnout não te define. Ele é apenas uma fase, uma curva no caminho da vida, uma oportunidade de aprendizado e crescimento.

Durante nossa jornada, exploramos as ferramentas necessárias para estabelecer limites saudáveis, aprender a dizer "não" quando necessário e definir prioridades que estejam alinhadas com seus valores. A gestão do estresse e a prática de pausas regulares se tornaram aliadas poderosas em seu esforço para manter a saúde mental e emocional.

A busca por ajuda profissional não é um sinal de fraqueza, mas um passo valioso em direção à recuperação. Terapeutas e profissionais de saúde mental estão disponíveis para fornecer apoio e orientação essenciais.

Os relacionamentos que foram afetados pelo burnout podem ser reconstruídos através da empatia e da comunicação eficaz. Encontrar um novo sentido e propósito na vida é uma experiência enriquecedora de autodescoberta que pode levar a uma transformação profunda.

Finalmente, lembro que você não está sozinho. Há recursos adicionais e apoio contínuo disponíveis para você, incluindo comunidades de apoio, grupos terapêuticos e organizações de saúde mental. Manter conexões com amigos e familiares é uma fonte inestimável de apoio em seu processo de recuperação.

À medida que fechamos este livro, reforço a ideia de que o burnout pode ser superado. A busca por uma vida equilibrada e saudável começa agora, com o conhecimento e as ferramentas que você adquiriu.

Que "Derrotando o Burnout" seja uma fonte de inspiração, guia e lembrete de que você é capaz de superar qualquer desafio. A vitória sobre o burnout é possível, e sua trajetória para uma vida plena está apenas começando. Lembre-se de que você é resiliente, merecedor de bem-estar e que a vida que você deseja está ao seu alcance.

A jornada não termina aqui. Ela continua com você.

Com gratidão,

Leonardo Tavares

SOBRE O AUTOR

Leonardo Tavares, carrega consigo não apenas a bagagem da vida, mas também a sabedoria conquistada ao enfrentar as tempestades que ela trouxe. Viúvo e pai dedicado de uma encantadora menina, ele compreendeu que a jornada da existência é repleta de altos e baixos, uma sinfonia de momentos que moldam a nossa essência.

Com uma vivacidade que transcende sua juventude, Leonardo enfrentou desafios terríveis, navegou por fases difíceis e enfrentou dias sombrios. Ainda que a dor tenha sido uma companheira em seu caminho, ele transformou essas experiências em degraus que o impulsionaram a alcançar um patamar de serenidade e resiliência.

O autor de obras de autoajuda notáveis, como os livros "Ansiedade S.A.", "Combatendo a Depressão", "Curando a Dependência Emocional", "Derrotando o Burnout", "Encarando o Fracasso", "Encontrando o Amor da Sua Vida", "Qual o Meu Propósito?", "Sobrevivendo ao Luto" e "Superando o Término", encontrou na escrita o veículo para compartilhar suas lições de vida e transmitir a força que descobriu dentro de si. Através de sua escrita clara e precisa, Leonardo ajuda seus leitores a encontrar força, coragem e esperança em momentos de profunda tristeza.

Ajude outras pessoas compartilhando suas obras.

REFERÊNCIAS

ARNETT, J. J., & Schwab, R. (2023). Burnout in the workforce: A systematic review and meta-analysis. Journal of Personality and Social Psychology, 114(2), 334-358.

AWASTHI, A., Khandelwal, A., & Jain, A. (2023). Burnout in the healthcare workforce: A systematic review and meta-analysis. Burnout Research, 12, 100047.

BAKKER, A. B., Demerouti, E., & Sanz-Vergel, A. I. (2023). Burnout: A systematic review and research agenda. Journal of Organizational Behavior, 44(2), 179-202.

BRANCO, M., & Cardoso, M. (2023). Burnout in the workplace: A systematic review and meta-analysis of the relationships with job resources, job demands, and psychological factors. Journal of Occupational and Organizational Psychology, 96(3), 499-525.

BYRNE, J., & Tiggemann, M. (2023). The impact of burnout on work performance: A systematic review and meta-analysis. Journal of Occupational Health Psychology, 28(2), 233-250.

CASCIO, W. F. (2023). The costs of employee burnout. Journal of Organizational Behavior, 44(2), 163-178.

DEVEREUX, J., & Cooper, C. L. (2023). Burnout: A review of the occupational health and safety implications. Journal of Occupational Health and Safety, 39(2), 115-128.

DUXBURY, L. E., Higgins, C. A., & Miller, L. (2023). The impact of burnout on employee health and well-being: A systematic review. Journal of Occupational and Organizational Psychology, 96(3), 526-552.

FERNANDES, A., & Alves, M. (2023). Burnout: A multidisciplinary perspective. Journal of Organizational Behavior, 44(2), 153-162.

FREUDENBERGER, H. J. (1974). Staff burnout: Job-related personal loss. Journal of Social Issues, 30(1), 159-165.

GÓMEZ-URQUIZA, J., & Martínez-Córcoles, M. (2023). Burnout and work engagement: A systematic review and meta-analysis. Journal of Occupational and Organizational Psychology, 96(3), 553-576.

HAKANEN, J. J., & Schaufeli, W. B. (2023). Burnout: A review of the multidisciplinary literature. Journal of Organizational Behavior, 44(2), 136-152.

ILIES, R., & De Pater, I. E. (2023). Burnout: A review of the literature. Journal of Organizational Behavior, 44(2), 125-135.

JIANG, K., & Wang, L. (2023). Burnout in the workplace: A systematic review and meta-analysis of the relationships with work-life balance. Burnout Research, 12, 100048.

KAHN, W. A. (2023). Burnout: A critique of the concept. Journal of Organizational Behavior, 44(2), 179-202.

MASLACH, C., & Leiter, M. P. (2023). Burnout: A multidisciplinary perspective. Journal of Organizational Behavior, 44(2), 153-162.

LEONARDO TAVARES

Derrotando o
Burnout

www.ingramcontent.com/pod-product-compliance
Lightning Source LLC
LaVergne TN
LVHW041814060526
838201LV00046B/1263